STEP ON FEAR
站勝恐懼

打包恐懼成爲你的墊腳石

楊毓瑩（凱瑟琳）　著

獻給我的父母：
謝謝您們讓我相信未來是屬於那些有夢想的人。

獻給我的丈夫和孩子們：
感謝有你們一起實現我們的夢想。

獻給全能的上帝：
感謝祢讓我知道確信真理使人自由！

目錄

介紹

　　每個人終其一生都要面臨各式各樣的恐懼，恐懼會讓我們佇足不前、阻礙我們追求美好的人生。要擺脫恐懼幾乎是不可能的，但只要學習如何處理恐懼並克服恐懼，就代表恐懼無法掌控你。它不能破壞你的夢想或阻撓你的努力。

　　我在經歷移民、求學與創業的過程中，恐懼如影隨形。一路走來，我破解了一套創新的 S.T.E.P.「『站』勝恐懼」模式，透過簡單的四個階段，可以適用於在生活中遇到恐懼並想要克服恐懼的任何人。

　　這四個簡單的階段是：

S 設定心態（Setting of the Mind）

T 善用工具（Tools）

E 享受生活（Enjoyment）

P 達到目的（Purpose）

　　沒有複雜的步驟、艱澀的文字，只有簡明易懂的解說和實例，帶著你將恐懼一步步打包，成為你的墊腳石。你會驚喜的發現，恐懼將不再是你的阻礙，你可以站在它之上，一步一步朝著你的美好人生邁進。

　　如果當前肆虐全球的疫情讓你擔憂恐懼，如果你正面臨抉擇而躊躇不前，如果你正要進入一個新環境，如果你懷疑自己是否有能力面對新挑戰……歡迎進入書中的世界，和我一起「『站』勝恐懼」！

緣起

　　我永遠記得走進美麗、清潔的診所的那一天。長凳一塵不染，亮晶晶的地板上映出了我的臉孔。這與我所見過的醫療診所有很大的不同。沒有人在痛苦地咳嗽，或抱著他們的病軀呻吟。我看著經營診所的那對夫婦，他們溫暖而微笑的臉龐使房間更加明亮。他們的快樂和喜悅通過診所散發出來，他們的存在讓我立刻感到滿足和安全。

　　當時我 12 歲。我勤奮的父母來自台灣最南端屏東的一個小鄉村。台灣以前稱作「福爾摩沙（Ilha Formosa）」，在葡萄牙文裡的意思是美麗之島。1542 年葡萄牙水手首次發現這個綠意盎然的島嶼並將其記錄在地圖上。

　　父母為了尋找能讓弟弟和我有更好的生活條件的地方，在數年內不斷地四處搬遷。在輾轉於台北郊區的不同住家中生活了多年之後，他們終於設法在台北買了套公寓，那便是我長大的地方。

　　在這一個特殊的日子裡，我父母用辛苦存了好一陣子的積蓄，也只夠讓一個孩子去做牙齒矯正的治療，而我就是那個被選中的幸運兒。我簡直不敢相信自己的好運，在這天走進所見過最乾淨的環境，被當作貴族對待。

我愛著那一刻的一切：診所、和善的醫生以及我感到自己有多特別。那時我從沒想過有人會害怕牙醫，因為我並不害怕，反而充滿了敬佩。在那裡我當下決定，我不想從事和父母以及親戚相同的工作。我不想遵循傳統的家庭職業。我想走自己的路，與眾不同。

　　我想當牙醫。我想成為最好、最親切的牙醫。我想成為家族中的第一位牙醫。這個想法像堅定的慾望之火一樣點燃了我內心。

　　每次我去定期調整牙套時，這種意識只會越來越強。我能在他們的診所中感到滿足和幸福。這對夫婦總是對每個病人微笑、有禮貌。我看著他們像家人一樣歡迎人們進入牙科診所。每個在候診室的病人都耐心地等待，沒有任何抱怨。這對夫妻在真摯的愛、熱情和關懷下工作，他們營造出的安全健康環境好比一本美麗的繪本中才會出現的。

　　直到十幾年後，我才意識到他們全心全意地照顧給我帶來的影響。我想這就是定義生命中的關鍵時刻，通常是事後我們才能看到某人真實而持久的影響力。

　　從那以後，我就以這種哲學為基礎建立了自己的生活，被燦爛的微笑和愛心所啟發，希望我的舉止和關懷也能以積極和鼓舞人心的方式幫助他人。

第一部分
跨越千里找回笑容

「恐懼是我們的敵人。我們以為
敵人是仇恨；但其實是恐懼。」
——甘地

探索恐懼

　　和大多數人一樣，我懂奮鬥的感覺，因為這是人類生存的一部分。我們的歷史紀錄著許多關於人類為了擁有更好生活而奮鬥的故事和事蹟。廣義來說，我們都是為了要達成自己獨自定義的「更好」或「更加充實」的生活而努力著。在我們追求幸福並克服迫在眉睫障礙的過程中，我們同時也發現了自己的深度和內在資源。

　　在我的人生旅程中，我發現有一件會拖延並阻礙人們進步的事情，某個甚至可以迫使最堅強的人屈服和投降的事情，某個甚至能阻止最迷人且最有魅力的風雲人物閃閃發光的事情，那就是恐懼。

　　是的，恐懼似乎在我們的生活中發揮了比我們所預期更大的作用。實際上，如果我們不學習如何有效地處理它，它會控制我們的生活並使我們遠離我們的夢想、渴望和所追求的事物。

　　我第一次真正經歷恐懼是在年紀很小的時候。當時，我的父母激烈地爭吵，我腦中開始想像各種瘋狂的場景。我想像失去在家中的安全感，並不得不在父母之間進行選擇。我想像著自己處於極度貧困之中，並與我的弟弟分隔兩地。恐懼成為我生命中極大的一部分，以至於我開始嘗試修補父母間的爭執。

　　我的父母在台灣的貧困地區長大，因此他們一生致力於為自己的子女提供更好的生活水準。儘管我當時還

不了解他們要承受的壓力，但這個目標逐漸融入到我們的家庭文化中，我們會緊密結合共同分享彼此相同的美好願景；一個滿足與和平的未來願景。在此願景中，我的父母不必這麼辛苦地工作，而他們的孩子只要肯試就有機會。

他們之間的爭執開始動搖我們的夢想以及我所依賴的根基。在那之前，我以為自己擁有一個最完美的家庭，是世界上最好的家庭。我們應該是一個擁有共同願景的幸福家庭。爸爸和媽媽是我的避風港，而我不想讓任何事情粉碎我的夢想。當我第一次聽到他們大喊大叫並使用「離婚」一詞，我的完美玻璃球在瞬間就好像被打碎成一百萬個小碎片。我美麗的烏托邦世界當下崩潰了。

我的心靈備感震驚，我不停地告訴自己：「我很好，我很好，我很好！」，彷彿試圖洗腦自己去相信這件事。我開始寫下一首歌詞，那首歌最初於 19 世紀由美國劇作家約翰·霍華德·佩恩（John Howard Payne）創作，並由英國人亨利·羅利·畢夏普（Henry Rowley Bishop）作曲。

這首旋律優美的世界民謠在台灣被填上中文歌詞，中文歌名是《甜蜜的家庭》。那時的我一次又一次不停地在紙上寫出中文的歌詞：

我的家庭真可愛，

整潔美滿又安康，

姊妹兄弟很和氣，
父母親都慈祥。
雖然沒有好花園，
春蘭秋桂常飄香，
雖然沒有大廳堂，
冬天溫暖夏天涼。
可愛的家庭呀，
我不能離開你，
你的恩惠比天長。

　　我將歌詞寫出來，有如自己的生活是以這些歌詞為準則，然後各給父母寫了整頁的信，並附上了這首歌的歌詞。我沒有談論他們的爭吵；只寫下了自己對於能擁有一個如此甜蜜的家庭是多麼感謝和幸運。我寫著，我只想與他們分享這首美麗的歌曲，希望他們在想到這首歌時，也會有跟我一樣的感覺。我無法停止唱這首歌，它在我的腦海中一遍又一遍地播放，就像是卡在播放鍵上連續播放的唱片一樣。

　　媽媽和爸爸把自己各自關在小公寓內的不同房間裡。我用最端正的筆跡寫完這兩封信，然後再從這兩扇門下各滑進了一封信。當我小心翼翼地跪下來傳遞我的特別信件時，我能聽到啜泣聲，然後我踮腳離去時專心祈禱著：慈愛的天父，請幫助我們。請別讓我的父母分開。請幫助他們閱讀我的信，並深切地感受到什麼地方都比不上自己的家！

幾個小時後，他們各自離開了房間，到了隔天，感覺上似乎從未發生過爭吵。沒有人談起這件事。當時在我天真的腦袋瓜中，還以為是我那具有神奇魔力的歌曲和信件非常奏效，但事實是我當時還太年輕而無法理解——如果夫妻不處理彼此間的矛盾，這些矛盾會像回力鏢一樣再飛回來。

　　所以，隨著時間的流逝，當他們又開始爭吵時，我也習慣了他們的爭吵風格。長大後的我開始警覺到這樣的模式會造成更多的問題。更重要的是，我開始看到恐懼如何讓人們無法充實地生活。我開始注意到成年人也有很多恐懼。我漸漸認識了自己內心的恐懼，以及我花了數不盡的時間嘗試所有的方式，盡所有的努力，讓自己的生活中沒有恐懼。

　　我開始察覺到生活在恐懼中會如何使人精疲力盡，以及它對夢想的破壞性。我也理解，分擔恐懼可以減低恐懼對個人的影響力。所以我們不應該將恐懼藏於內心或試圖忽略它們，因為那樣只會導致更糟糕的結果。

對未知的恐懼

　　當我上小學時，我的父母開始帶我們去參加一個由信仰基督教的女士 Doris Brougham 博士[1]所建立的當地教

---

[1] 彭蒙惠博士 http://www.ortv.com/en/dr-doris-brougham

會團體。這個教會團體在每個星期六晚上舉行一次由海外廣播電視公司組織的青年集會。

爸爸開始在他們的空中英語教室[2]（Studio Classroom）學習英語，並聽著優美的歌曲。他去教堂的目的僅僅是為了學習英語。由於我們不懂英語，所以他認為學習英文會很有用。教會裡的人們是如此善良和友好，所以這看起來像是一個完美的結合。因此，每個週末，我們轉乘兩三班公車，在大約一個小時的車程後，我們抵達教堂。

我立刻愛上了教會。儘管是在傳統中國文化中成長，但我們信奉著基督教。媽媽和爸爸允許我和弟弟選擇自己想要的。我可以看到父母內心上演著信仰之戰。他們希望接受一種新的基督教信仰不會使他們在台灣的大家庭親友們難過生氣，或是被視為對他們傳統的家庭信仰帶來不敬。

對未知的恐懼，或者害怕別人可能的想法，常會使我們遠離內心真正的呼喚。對違反文化規範和與眾不同的恐懼，會阻止我們活出最佳的自己。許多不同文化背景的家庭都有發生過這種事。

在接下來的章節中，我們將探索你的恐懼，並提供你正確的工具和技術來克服它們。我們將幫助你識別出你所擔心的事情、發現你內心的呼喚，並質疑阻擋你在生活中前進的因素。

---

2 空中英語教室 http://www.studioclassroom.com/h_doris.php

持續的未知

　　爲了給我們一個更好的生活，儘管他們不了解台灣以外的生活，我的父母決定再一次勇闖未知的世界——移民到澳洲。他們認爲當時台灣的教育體系不再適合自己的孩子，因爲我們眞的精疲力盡了。

　　雖然我非常喜歡上學並且喜歡學習，但是我不喜歡競爭。台灣學校體系的競爭性很強且要求過高。它就像是一份全天候的待辦清單，包含提早到校參加考試、寫試卷、參加模擬考並保持高分。我們必須在早上 6 點左右起床才能搭上公車，到達學校後我們必須立刻坐下，甚至沒有人說聲「你好」，一張考卷就放在我們面前，「開始！」

　　我們的一天是在小考中開始的，全天候進行「全力以赴」的學習。當時八年級的學生必須留校上第八節的輔導課。我們得待到下午 5 點或 6 點，通常更晚才能放學。所以等我們回到家的時候，已經很晚了。然後我們還得繼續學習和做家庭作業；就像是一場一再重複永無休止的競爭。

　　直到我精疲力盡，甚至記不起來我學到的任何東西。我強烈的學習動能已經失控停擺了。

　　值得慶幸的是，到了週末爸爸會帶我們去公園，或者我們會和教會一起做一些有趣的社區工作。我弟弟從來沒有喜歡過主流教育，所以他時常會在放學回家的路上，在公園裡停下來玩耍，這讓我的父母常常擔心他的

行蹤。但是，如果沒有這些放鬆的管道和活動，整個教育系統的設計幾乎讓學生掉進了疲憊不堪的無底洞。

當我 15 歲、我弟弟艾瑞克 14 歲時，我的父母開始進行移民澳洲的程序。為了要達到商業投資移民澳洲的資產要求，我的父母必須賣掉他們工作一生所賺得的一切。那是他們一個非常重大的決定，也是我們的人生轉捩點。我的父親以他有限的英語帶著全家到澳洲開始我們的新生活。父母畢生的積蓄，勉強夠我們買間房子。其餘的錢則全都花在艾瑞克和我的教育費用上。

隨著電腦剛剛進入市場，爸爸開始了一家銷售電腦零件的小公司，並開始尋求商機。他以有限的英語能力和無限的耐力在處境困難時慢慢地前進。他買了一輛小豐田 Cressida，每天都開車去拜訪在整個雪梨各地的潛在客戶，只為了看看他們是否有興趣向他購買一些電腦零件。他會瀏覽黃頁上的英文列表，嘗試尋找客戶。他也會細看任何可能對電腦零件有需求的商業頁面，然後逐一去拜訪名單上的潛在客戶。

他總會在晚上研究《格雷戈里街指南》，並計劃第二天的行程，在頁面上做滿了標註然後印出來，再將行車路線用螢光筆標示出來。通常他甚至會提前一兩天開車試走一次路線，以確保自己清楚路徑。由於他的英語能力有限，他也會先寫好銷售說辭並在家裡大聲練習。

對於他來說，只為了一個潛在的銷售希望而一天行駛數百公里並不稀奇。他整個星期，日復一日地持續努力，只為了在一個陌生的新國家，能維持家計。我們可

以看到他所做的犧牲，而我卻也因此經常質疑人生。父母的辛苦讓我懷疑：生活的目標到底是什麼？生活一定需要一個又一個的犧牲嗎？

我開始想知道我的父母是否幸福，還有我該怎麼做才能回報他們的付出。我開始懷疑是否需要為了賺錢而幾乎賠上了健康甚至性命，而這一切的付出是否值得。我依稀記得我不斷地想尋找答案。

我想知道有幾代人遵循與父母相同的想法，覺得需要努力工作才能取得成功。我開始質疑我父親是否有過不喜歡他的生活方式。我會想跟隨他的腳步嗎？在追求更好的路上能否有真正幸福快樂的存在？

為了他人而犧牲自己的幸福是正確的決定嗎？如果你做出其他決定，將會有怎樣的不同？當我們身處於一個新國家，若因為不確定性而迷失方向時，你又會做出什麼決定？這些問題在我的腦海中不斷盤旋。

我開始思考生命中和生活上更大的問題。我想知道我是否會真的快樂，以及這種新的生活會帶給我什麼不一樣的機會。我開始深入內省，質疑生命的真實含義，並提出迫切性問題：我為什麼存在？我的人生又將何去何從？

透過檢視人類的情感和行為後，我發掘了那個小女孩渴望她的父母能一直在一起的最初的恐懼。我開始注意到，每當我感到懷疑或悲傷或沮喪時，總會出現恐懼的因素。

身為一名在陌生城市裡除了夢想什麼都沒有、初來乍到的女孩，我可以清楚地看到恐懼將如何使我癱瘓。恐懼有能力操縱我的思想，並說服我不要嘗試。但是我不能讓恐懼阻止我。我的父親沒有讓恐懼阻止他。我也必須找出自己的方向。

新海岸的視野

　　「除非不懼怕看不到岸邊，否則你將無法發現新海洋。」
　　——安德烈・基德（André Gide）

　　初次來到澳洲是我青澀 15 歲的那一年，當時的我只帶著兩句英語：「再見」（配上揮手）和「我很好，謝謝，你呢？」（加上點頭）

　　每當有人說：「哈囉，你好嗎？」我的標準答案總是：「我很好，謝謝，你呢？」

　　即使有人說：「祝你有個美好的一天」，我也是回答：「我很好，謝謝，你呢？」

　　無論是在向鄰居打招呼時，或是在商場中或在車站等車與人交談的時候，除了這兩句英語，我不知道任何其他回應的說法。即使在公立學校學習了一整年後，我的英文水準仍然是：「我很好，謝謝，你呢？」我苦惱地想像著如果我的父母發現，經過他們嘔心瀝血的付

出，我的英文並沒有任何的進步，他們將會有多麼的失望。為此我感到懼怕。

我會在學校獨自躲起來吃午餐，所以沒有人有機會和我說話。我不認為自己應該像其他孩子一樣，坐在一起吃午餐、彼此聊天、開懷大笑、交誼互動、享受群體生活。我知道我的父母十分辛苦地工作，還得省吃儉用才能讓我每天去學校上課學習，所以我選擇獨自坐在學校圖書館門口的台階上邊吃邊看書，避免與任何人有目光的接觸。

在我來到澳洲的第二年，也就是當地的 11 年級（相當於台灣學制的高中二年級），我就讀於 Pymble 女子私立學校。我必須要讓自己在這兩年內準備好去參加澳洲州立大學聯考。那時想到聯考的壓力，我的焦慮達到了前所未有的高峰。當時的我連題目都看不懂，要如何以英文進行考試？想到這兒我就不寒而慄。

雪上加霜的是，我很快就得知自己的新移民身分和不流暢的英語口說能力，並不能讓我在考試中有任何的特殊待遇或豁免。這讓我驚慌失措！感覺好像是不可能的任務，我很想大哭一場。但是我不能讓眼淚掉下來，因為我連哭的時間都沒有了。

每天看著父母為了給我這些機會而做出的犧牲，我覺得自己對他們有很大的責任，因此我不允許自己說英語以外的其他任何語言。我必須限制自己不要使用母語，並把握任何可以使用英語的機會。我再次將午餐時間當作學習時間使用。

很快地，學校的一位老師揭開了我的偽裝。她發現我獨自一人坐著，令我驚訝的是，她知道我的名字。我甚至不知道她是誰。她說：「凱瑟琳，你在這裡做什麼？你為什麼自己一個人坐在這裡？」我假裝微笑，並試圖用我最好的英語說我想一個人吃飯。

她說：「我知道你是新來的。我可以介紹一群非常友善的人給你嗎？」我不想被視為無禮，所以同意了。

她陪著我走向一群與我同年級的學生們，後來他們成了我在澳洲最初認識的朋友們。當時英文單字有限的我記不住他們的名字，但是我永遠記得他們的微笑以及他們友善的面容。由於他們都是百分百澳洲出生和成長的孩子，所以他們只會說英語——這正是那時的我所需要的。儘管我們都選修了不同的科目，上課的教室也各自不同，他們的真誠友善以及給予我適應校園生活上的協助，讓我開心地找到了歸屬感。

隨著時間的流逝，我很幸運地認識及擁有更多幫助我學習的同窗好友們。那是一個良好的成長環境，讓我在班上有小幫手指導我的學科，在課間休息時間有好朋友共享零食和午餐。

但是，我卻無法盡情享受自己新建立的友誼。因為我不斷地告訴自己——必須保持專注！必須專心學習！我必須在極短的時間內大幅提升我的英語能力，才能通過我的大學聯考，別無它想！

即使我因為美好的友誼和人們的和善而深深感動著，但我無法好好享受這些情誼。在台灣，養成教育讓

我認為自己只需要好好讀書、努力讀書、多多讀書、有空就讀書。我發現自己經常被這個想法困擾，而不允許自己與朋友在校外進行更多的社交活動。

學校提供了許多稱為「選擇性」的課外活動，而這些活動都需要額外的費用。我自認為我的父母負擔不起，也不想造成他們無謂的重擔或為此感到難過。所以，每當收到有關即將到來的滑雪旅行或野外旅行通知時，我都會自己閱讀完內容就迅速扔掉。

記得有一次我下車開始走在回家的路上，眼淚不聽話的一直從臉上掉下來。我的朋友們全都要參加「選擇性的週末旅行」，而我找了個藉口告訴他們我去不了。實際上是我不能放縱自己享樂，怕會搞砸了學業測試。我不能錯失了整個週末的學習時間，也不想向父母要錢出去玩。我一路哭著走回家，為無法和朋友們一起旅行而心痛。

當時，天真的我相信自己可以哭掉所有的眼淚，把眼淚全部哭乾，一滴也不剩。所以在我走進屋子之前已經先穩定好自己的情緒。當媽媽問起我今天過得如何時，我用我最好的英語和最燦爛的假笑回答她說：「棒極了！」。

在失敗中學會前進

　　儘管我耗盡了所有時間與精力去學習英語，我還是沒有通過第一次的英語考試。我不僅只是考試不及格，我還感到「十分挫敗」。我沒想到自己日夜不停地用功，犧牲了所有的休閒時間，最後的結果卻是慘不忍睹的大失敗。

　　科學這科甚至更糟。我得到零分！我甚至不確定零分是否也算一個分數。我只記得當科學老師將所有批改後的考卷發還給我們時，我聽見其他學生們小聲地互相告知彼此的分數——有人說我得到了 70 分，另一人說我考了 96 分，而我所聽到的最低分數（不包括我的）還有勉強及格的 50 分。我的零分根本算不上是一種分數。我的恐慌油然而生，威脅要扼殺我的夢想——怎麼辦？糟透的我會傷透了父母的心；他們一定會很難過。我現在又能做什麼呢？

　　我感到的羞愧，並不是只因為有這個爛分數，更是害怕當有人問我的父母：「你的孩子學習表現怎麼樣？」的時候，怕他們會因我而感到沒面子。我無法忍受讓父母蒙羞。我盡力避免讓自我懷疑的沉重壓力吞噬了我的樂觀情緒。我努力地祈禱，更加努力地學習，因為我覺得那是我虧欠他們的。我不能再次搞砸，因為我沒有本錢再次失敗。

　　後來我很幸運地遇見了一位沒有放棄我的英語老師。那一年當學校假期（對我來說，這代表更多的學習

時間）快到的時候，她對我說：「凱瑟琳，學校假期快到了，如果你想利用這段時間來加強你的英文能力，我可以提供你一些主題來撰寫幾篇文章。如果你願意，我會給你我家的住址，讓你將寫好的文章放在我的信箱裡。我會批改每一篇文章，並標註我的建議，讓你在送來下一篇文章時，將改好的上一篇文章從信箱中拿回家研讀學習，你覺得如何？」

我簡直不敢相信她為我做的事情。不敢相信自己的好運，能有這麼一位好老師為我無私的付出。這是改變我命運的關鍵時刻，就像是身處黑暗中的我所迫切需要的一盞明燈。

這位善良的好老師並沒有要求金錢或是任何的回報，她只要求我努力堅持寫好文章，然後把它們放到她家的信箱裡。她對我抱有堅定不移的愛和信念，她引導我朝著通過大學聯考的夢想邁進。

她不只是口頭說說 Pymble 女子私立學校的學校座右銘「All' Ultimo Lavoro」（拉丁語是「爭取最高」的意思）而已，也實際透過行為舉止與親切的鼓勵來實踐學校的座右銘——她是一位真正的人間天使。

因此，在學校放假期間，我瘋狂地寫作，閱讀和學習英語以及其他科目。爸爸開車送我去老師家，在那裡透過信箱我們交換了說好的秘密。她言出必行，當我下次到來時，一篇充滿了建議，寫作技巧和錯誤更正的修正過文章，已在信箱中等候我。

有時候，我仍然讓自己沉醉在想著想像成為一名牙醫的美夢，想像著在一個乾淨整潔的環境，用愛和溫暖來問候及幫助人們。但是我也不允許自己做太多的白日夢，在我一遍又一遍地撰寫文章並試圖用超級速度來學習一門外語的時候，這個夢想必須在旁邊稍等——因為我有任務在身。

　　每天早上，我的內心充滿了堅定的信念。我的日常作息也和勤奮學習一樣，每天持續進行。我會唱著讚美主的聖詩和獻出晨禱來開始每個展新的一天。我在學習之前一定也會讀一段詩篇的經文。我很喜歡讚美詩簡短而優美的內文，因為它們使我充滿了盼望，並啟發我要充分利用每一天。我會向上帝祈禱我所期盼的大學聯考成績，並在腦中和心中想著一個完美數字的秘密序列。這些數字是我的「夢想得分」。我在腦海中將它們具體化，並祈求上帝幫助我實現夢想。

　　其實我並不知道當年澳洲雪梨大學牙醫系錄取分數的要求，因為這個要求每年都會稍有改變，但是我確定那絕對不會是一般的分數，所以我必須以更高的標準為目標，一個比我在校的成績還要更高的分數為標準。

　　有了天使老師的私人指導，我終於通過了下一次英語考試。儘管我的成績不如其他人的高，但能及格通過就不算是失敗，為此我感覺到自己內心深處的那一分小小的成就感。日子一天天的過去，我埋首書本，振筆疾書。我的英語能力開始提升，成績也逐漸提高。每一次

當我取得比上一次考試更好的成績、更高的分數時，我的內心就會雀躍不已。

在學校裡，有些人會誤以為所有的亞洲人都是聰明絕頂，但是我完全不這麼覺得。我知道成績好不會是天生的，那可是拼命用功、努力學習的成果。若要實現進入澳洲雪梨大學就讀牙醫系的夢想，我會需要極高的聯考成績，而且還需要達到對英語有基本理解能力的要求。

我內心的恐懼一直試圖「提醒我」英語不是我的母語，而我所需要的聯考成績遠遠超過了我的能力。恐懼還試圖告訴我，這夢想太難，太遙不可及了。

雖然我試圖趕走內心的恐懼，而想要轉向堅定的信念，但是恐懼卻還是不斷地糾纏著我說：「你根本就不是在澳洲土生土長的人，你甚至連英語都說不好，你又怎麼能考取高分？」我轉身想要擺脫恐懼。

但是恐懼又回來了，還對我說：「你永遠也做不到的，而你所有的努力都會是白費工夫！」

最後我轉身面對恐懼，說：「不！我不能讓恐懼控制我或是我的命運。我必須變得比恐懼更堅強、更高大、更聰明。我必須將其化為助力。我必須學會如何掌控恐懼並考取良好的成績。我可以雙管齊下。」

打開心扉面對新世界

在我們高中的最後一年，學校會安排和校內職涯輔導面談，並討論未來的職涯規劃。一開始我覺得有點害羞，很不好意思說出自己真實的想法。可是一想到自己美麗的夢想就再也藏不住內心的興奮，忍不住和校內職涯輔導分享了我想成為牙醫的瘋狂夢想。

出乎我意料的是，她用燦爛的笑臉看著我，並說：「凱瑟琳，勇於追求妳的夢想吧！放手去做，為這個世界帶來更多的笑容，讓這個世界變得更美好！」

我牢記著她的微笑和鼓勵的話語，就像是一條救生繩索，讓我在人生徬徨無助的時刻能夠緊緊的抓住，從而掌握了人生的方向，增添了對實踐理想的力量。

在 12 年級參加大學聯考時，我以一個像賽車手在跑道上準備比賽的態度全力以赴。我告訴自己我承擔不起任何一點可能會造成全盤皆輸的錯誤，必定要專心一致，完成這場比賽，取得最高榮耀。

我珍惜在考試時的每一分每一秒，盡力去完成考卷，並仔細檢查每一個答案。再三確定自己審題正確，而且沒有漏做任何題目。我用心的禱告，將自己的注意力集中在考卷上，確定自己寫出有把握的答案而不讓恐懼影響或阻撓我。我堅定的信仰告訴我謀事在人成事在天。

就好像是命中注定，大學聯考成績單寄出的那一天剛好是我年邁的外祖父和阿姨及表姐第一次從台灣要飛

來澳洲拜訪我們。他們在太平洋上飛行了 7000 多公里，終於來到了雪梨。

當時的我才剛拿到駕駛執照，第一次開車要通過雪梨的港灣大橋到雪梨國際機場迎接我的親人。那時的感覺是既興奮又緊張，雖然開心卻也十分焦慮。我不敢告訴大家那天也是即將收到聯考成績單的同一天，於是家裡的信箱又再次負起傳遞秘密的重要工作。

在機場我們一家人開心的擁抱在一起，在回家的路上我們一邊聊天一邊欣賞雪梨美麗的風景。到家的時候，我趁著父母迎接親人進入家門，自己悄悄地跑去信箱將那一個等待已久的白色大信封藏在身後，偷偷地溜進自己的房間。

我真的很難想像在這麼一份輕薄的信件裡裝著這麼重要的考試成績，它將決定我人生的下一個篇章。

我十分慎重地將白色的大信封放在桌上，閉上雙眼，誠心向上帝祈禱。當時我用準考證的最後三位數的號碼，當作是我理想的考試分數。那是當時我日復一日，每天反覆默念期許自己努力達到，並祈求上帝能幫助我考取的最理想分數。

我不斷地默念著這個特別的數字，然後深吸了一口氣，睜開雙眼看著這個白色的大信封袋。我緩慢地、小心翼翼地將信封打開。當我拿出大學聯考的成績單看到的結果，讓我幾乎無法呼吸。我感到不可思議、激動的流淚、狂喜不已。那絕對是奇蹟！我真的不敢相信自己

的雙眼，看著成績單上印著自己的名字和這個完美又特別的數字：

楊毓瑩（凱瑟琳）　　99.40！

我看著自己的名字和成績，整個人變得好輕鬆。之前的勞苦重擔終於全部都卸下了。我從來不知道數字可以這樣的神奇，而夢想終能成真。這一切都太美好了。能夠在沒有特殊身分的豁免權，也沒有任何特別待遇的條件下，我做到了！考進了澳洲國立雪梨大學的牙醫系。這對渺小的我而言意義極其重大。代表著小小的楊凱薩琳成就了一件大事！

雖然當時我的考試成績可以進入新南威爾士州大學的醫學系，我也知道很多亞洲的父母和家庭都希望他們的子女能夠成為醫師。但是我忠於自己的夢想，想要成為一位牙醫師；堅持自己的理念，希望能讓更多的人們擁有健康美麗的笑容，使這個世界更加的美好。我想起了多年前，走進那一間整潔明亮的牙醫診所的小女孩。我也記得當時學校職涯輔導老師鼓勵的話語，讓我有動力持續地朝著目標前進。

錦上添花的是，當時我申請了雪梨大學牙醫系的獎學金，與院長面試後，他們提供我雪梨大學牙醫學系總校友會獎學金。我欣喜若狂，我的生命也從此有了改變。

然而我也意識到了一個重要的發現——那就是當我盡全力去征服恐懼，挑戰命運以及追尋目標的同時，這一切的付出也讓我精疲力盡。所以當我因成果而開心的同時，卻因為那馬拉松式的長期奮鬥，使我沒有精力去慶祝和享受我的成就。就在這個時候，我回想起自己的成長經歷，在台灣的生活及升學制度的考試壓力。

　　我還記得在一個寒冷的冬天，當我正在路邊攤上享用我最喜歡的牛肉湯麵時，看著流感爆發的消息，麵攤的老闆悃悵的對我說：「像我們這樣的人沒本錢生病。昂貴的醫療服務是給有錢人的。」

　　在走回家的路上，我心想，如果醫療保健能讓所有的人都享有那豈不是很好？為什麼醫療服務只屬於負擔得起的人？我默默的期許自己，有朝一日當我成為牙醫師時，要有能力治療和服務各行各業的人。不管他們是什麼樣的生活背景，都可以擁有健康美麗的笑容。

　　在我打開教育委員會寄來的信件，收到了雪梨大學牙科學院錄取確認書的那天，我深信自己選擇了世界上最美好的工作。感激之情貫穿了我的全身使我屈膝感恩。我感謝身邊一切事物：感謝老師們、我在澳洲交到的新朋友們、我的父母和弟弟、老師的秘密信箱課外輔導、自己的努力不懈以及自己能有勇氣面對所有的恐懼。

　　我感謝所有的一切，包括了正面與負面的經歷。因為擁有正面的思考，即使遇到了負面的情況，我也可以

利用找到的資源和學到的經驗來克服困難、移除障礙，持續在跑道上向著目標筆直前進。

享受成功

獲頒獎學金的那天，我有一個新的領悟。在台上接受頒獎時，雖然我笑得合不攏嘴，但我的目光卻在尋找坐於觀眾席中的父母。因為當時我最想看到的是他們引以為傲、以我為榮的笑容。他們的開心才能讓我感到肯定。

當下，我意識到自己的快樂是與父母交織在一起的。我在人群中尋找快樂，迫切希望看到爸爸媽媽比我更歡欣鼓舞。當時的我，似乎把自己的成就建立在使他人快樂的基礎上。

在我的內心深處，一直想要討好別人，以讓他人開心為目標似乎比讓自己快樂更重要。因此，我長久以來努力的學習和過度的壓力，對自己造成了損害。

我開始評估自己曾經歷和面對過的恐懼，也開始思考快樂和恐懼的相關性。為什麼我們會害怕去感受和享受完全的成功和全然的喜樂？又為什麼我們會如此害怕失去和失敗？

我認真深思恐懼與快樂兩者，了解到恐懼是生活中不可避免的一部分。你無法擺脫它、忽略它或逃離它，

因為它會不斷回來並困擾或挑戰你。就像你不能假裝牙痛不存在而忽略牙痛一樣，那只會讓疼痛變得更糟。

　　對我來說，我厭倦了每當遇到生活中的挑戰或問題時，都得嘗試以我自己一個人的力量和恐懼對峙。我身心俱疲，無法享受勝利，需要時間來恢復。但是經過這些反思和質疑，不可思議的事情發生了。我找到了一種替代方案來應對生活中的恐懼而不減損我的快樂感。我理解出一個可以讓我們既勇敢又可以暢享勝利的方式。

　　我發明了一套創新的 S.T.E.P.「『站』勝恐懼」模式。

　　不僅一次，而是每次只要恐懼出現，與其感到不知所措並讓恐懼踩在我身上，我決定將所有恐懼踩到我的腳下，並讓自己站在恐懼之上。這套模式適用於在生活中遇到恐懼並想要克服恐懼的任何人。

　　我理解要擺脫恐懼幾乎是不可能的，但只要學習如何處理恐懼並克服恐懼，就代表恐懼無法掌控你。它不能破壞你的夢想或阻饒你的努力。我還發現 S.T.E.P.「『站』勝恐懼」模式能讓你發現你所想要的一切，包括生活中最美麗的事物都能獲得實現。它們就在恐懼的另一面。

第二部分
恐懼的另一面

「恐懼有其用途，但怯懦沒有。」

——甘地

破解恐懼代碼

　　你可能已猜想到，我成了一名牙醫。至今我仍然是一名牙醫，這份工作讓我感到驕傲與喜悅。我們在雪梨有一家很棒的診所，並且我也投注心力於幫助他人，不僅為他們建立美麗的微笑，也幫助他們克服恐懼。

　　我可以很老實地說，如果沒有探索出我的這套「『站』勝恐懼」模式，我無法克服生活中自然產生的眾多恐懼。沒有人對恐懼免疫，而恐懼在我們達成目標前，也不會停下腳步。

　　我們與一種稱為戰鬥或逃跑反應的內在固有恐懼機制綑綁在一起，該機制之目的在於向我們發出恐懼的訊號以保護我們。有趣的是，正如許多主流心理學家會告訴你的那樣，這種早在穴居人時代就存在於我們內在、用以保護我們遠離危險的戰鬥或逃跑反應，也能被現代的恐懼引起。

　　雖然我們已經過演化，這種大腦——身體反應的原始部分卻一直保持不變。而現在有許多從前沒有、形形色色的恐懼，而對於跟我交談和合作過的許多人來說，往往是他們的恐懼使他們無法活出最美好的自己。

　　長期以來，我們已經習慣讓這種基本的生存機制支配自己。儘管在某種程度上，我們身體的這種自動調節，可以調節對恐懼的反應，但要從混亂的情況過渡到平靜並不容易。人類的情感要比動物的情感複雜得多，

因此，如果我們讓恐懼支配著我們的生活，這種持續性的壓力和慢性的消極情緒，將驅使我們的潛意識不斷製造出的壓力激素匯集。壓力激素的氾濫使我們的身體失去平衡，產生出一種慢性壓力狀態，導致進一步的焦慮、擔憂甚至倦怠。

我的親身經歷告訴我這樣的狀況是可以改變的。我相信，恐懼的另一面就是你最美好的人生。你不必被恐懼支配。

恐懼確實存在

許多小孩會怕黑。他們擔心在床底下或櫃子裡可能潛伏著怪物或妖精或邪惡汙穢之物。有些孩子可能在看電影或看書後感到害怕。他們擔心可能會有東西在追趕他們，或者可能被獨自留在一片黑暗之中。

我記得小時候曾做過一場惡夢，害怕我的房間裡有什麼東西。我大叫爸爸，並告訴他我很害怕。他跟大多數父母一樣，跟我說：「那裡什麼東西也沒有。沒什麼好害怕的。」

父母可能會打開窗簾、打開燈或檢查床底，然後向孩子們保證那裡真的什麼東西也沒有。但是恐懼的感覺是真的！就算那裡沒有任何以實體型態存在的某種物質，可是，害怕、恐懼的感覺是真真實實能感受得到的。只因為某樣事物並不是實際上以某種物質或是實體

的形式存在，並不代表那裡「什麼也沒有」。有人可能會說那只是你心中亂想，或者是你憑空想像的虛構物。但是，真的有東西在那裡，那就是恐懼。

要知道恐懼是可以被阻止的、恐懼是可以被噤聲的，而你的生活並不需要被恐懼支配。

將恐懼定義為「以假亂真」（False-Evidence-Appearing-Real），幾乎已經成為一股熱潮。我無法認同這個說法。如果你讓恐懼、擔憂、問題、挑戰和憂慮四處蔓延，那麼你仍然會感到不知所措，無論其他人如何試圖說服你這只是「以假亂真」。儘管技術上來說它可能是「假」的，但你已經讓它在腦海中變成真的，因此對你而言，它感覺上是真實的。它會恐嚇你的心靈並導致信念受限，產生自我懷疑，讓你有冒名頂替症候群，而當然還有恐懼。

如果你想要假裝沒有看到它或是忽略它，它也不會消失，而且通常會再次出現來困擾你，或者以更複雜的形式對你造成更大的傷害。如果你每次面對恐懼時，都只想憑藉著自己微薄的力量獨自抵抗，一個人孤單害怕，沒有任何應對的策略或是沒有尋求或借助任何人、任何其他方法的幫助，那最後的結果，往往是會讓你精疲力竭、疲憊不堪。更糟的是，就算你戰勝了這次的恐懼、贏得了這次的挑戰、解決了當下的問題，新的挑戰或是不同的問題會在你還沒有完全恢復體力，重整自己的時候出現，那時你很可能沒有任何精力再去面對。

因此，與其相信「以假亂眞」，我更相信恐懼
（F.E.A.R.）會讓你變得

挫 折 – 情 緒 化 – 憤 怒 –不 滿
Frustrated-Emotional-Angry-Resentful
它會耗盡你的喜悅、快樂、希望與和諧。

與生俱來的兩種恐懼

科學研究顯示，我們與生俱來的只有兩種恐懼：害
怕跌落與害怕噪音。科學家對新生嬰兒進行了測試，發
現這兩種恐懼是與生固有的。其餘的是我們學到的，或
是從父母、文化或環境中「繼承」而來的。如果我們內
心固有的只有兩種恐懼，那爲什麼我們現在會有如此多
的恐懼呢？

在我們的一生中，我們會不斷地發展出新的恐懼，
而因爲我們從沒學過如何處理恐懼，所以我們積累了許
多不必要的恐懼。就像是一整天隨身攜帶一個沉重的大
行李箱，到處跑。也因對恐懼和焦慮習以爲常，我們完
全不知道其實可以隨時放下它。

我們天生就是群體動物

人類生來就非獨自面對世界。我們不喜歡獨自一人。我們也不是一個人自己進入這個世界，另一個人（我們的母親）生下了我們。我們天生就是社會性動物，這就是我們會想要互相聯繫的原因。整個人類物種經過團結的力量得以生存、組成了共存並共同工作的家庭、部落和社區。對被排斥或沒有歸屬的恐懼，從部落時代起就存在於人類。當我們覺得自己有一個可靠的部落時，我們會經歷較少的恐懼。

但是，你並不需要有血緣關係的部落，才能擁有這種歸屬感。你可以在志趣相投的社區、商業團體和友誼圈中找到它。當你閱讀本書時，我希望你想著同時閱讀這本書的其他讀者也跟你一樣，有過有恐懼的困擾或正在恐懼的當中，甚至將來還要面對未來恐懼的煩惱。閱讀本書的其他所有人，就像你我一樣的人，那些也有恐懼和夢想的人、那些希望活出最好的自己並克服其個人挑戰的人。

如果你讀到這裡有產生共鳴，也認同、想要了解、學習使用 S.T.E.P.「『站』勝恐懼」模式來成就美好人生的話，就讓我們互相鼓勵，站在同一陣線上，就像是一群一同作戰的好伙伴。

讓我們團結起來、相互鼓勵，一起將這本書當作**有用**的工具書，學習使用 S.T.E.P.「『站』勝恐懼」模式，

讓我們每一個人都能夠美夢成眞、理想達成，一起享受
美好的未來！

恐懼、痛苦和折磨

　　你是否曾經停下來思考，爲什麼生活中會有如此多
的恐懼、痛苦、折磨和掙扎？我常常想著這個。事實
上，從我小時候起，它一直是一個我亟待解決的問題。
我現在已經了解恐懼是生活中不可避免的一部分。如果
你不知道如何處理恐懼或如何有效地對付恐懼，就會導
致痛苦。

　　這種痛苦可能是急性立即的、慢性的，甚至是深度
的。而且，如果你不知道如何解決問題，那麼痛苦可能
會持續存在並造成進一步的折磨。它可能會演變成每況
愈下的長期折磨。

　　它就像牙痛一樣，只有去治療根本問題才能解決。
用藥物麻痺疼痛，只能暫時緩解疼痛，但不能消除病
根。不理它只會讓情況更加的嚴重、惡化，讓病情更加
的複雜，更別提隨之而產生更多以及更深層的疼痛。當
你嘗試忽略它的時候，它會以更加疼痛的方式來提醒你
它仍然存在。

　　我認識一位 60 多歲的工程師，他因無法信任飛行員
或機師的經驗和技術，所以害怕搭飛機。他因自己的恐
懼而想像飛機有可能會在空中故障，甚至會有墜機的風

險。所以他從來不搭飛機，要去任何地方渡假，也只會選擇開車到得了的地方。就這樣過了許多年，他覺得不需要搭乘飛機也可以過得很快樂。

　　直到有一天，他的獨生女要結婚了。婚禮舉行在另外一個國家，那是汽車開不到的地方。那時他很掙扎，不知道要如何克服自己的恐懼，也沒有去請求專業的協助，更不曉得「『站』勝恐懼」的方法。他任憑自己的恐懼控制了他、局限了他選擇的生活方式，也因此錯過了牽著親愛的女兒走上紅毯的那一端。無法出席女兒的婚禮，親身感受女兒新婚的喜悅。

　　這只是一個讓恐懼控制人生的一個遺憾的例子。恐懼會讓你感覺能力有限、自我渺小，而阻止你去享受你值得享受的人生。

　　讓恐懼去影響或控制一個人的生命或生活才是最可怕的。如果不懂得如何「『站』勝恐懼」，你將永遠看不到在恐懼的另一面有更美好的人生在等著你。

　　更慘的是，恐懼就像是疾病，它會蔓延開來，感染到你身邊的人，影響關心、愛你的家人，朋友，甚至會影響家庭和國家。恐懼還有可能會世代相傳。它的影響可以從個人到工作，從到社會到這整個世界，衍生出一連串更多的問題。

世代相傳的恐懼

恐懼不僅是個人的，它不會單獨發生在一個人身上。有時恐懼會擴散到整個文化中，並影響成千上萬的人。例如，某些人可能對另一個國家或文化有恐懼或不好的印象。不是因為這些人直接傷害或攻擊了他們，而可能是他們的上一代過去曾發生悲慘的傷害性事件。這些大量的集體恐懼可能會引發鬥爭、衝突和戰爭。

最明顯的例子之一，就是持續時間最長的國際衝突——巴勒斯坦與以色列之間。在這種衝突下出生的幼童都被教導要憎恨「敵人」。正如 20 世紀作家兼政治家伯特蘭·羅素[3]（Bertrand Russell）所說，「集體恐懼會激發人們的盲目從眾本能，並且往往衍生出對那些不被視為相同群體的人的殘暴行為。」

然而，這種世代相傳的恐懼和戰爭往往會給無辜者帶來重大的後續影響。現在，心理學家將此稱為「世代相傳的創傷」[4]。這在 1966 年，當心理學家在加拿大發現為數可觀的大屠殺時期出生的倖存者，開始尋求醫療診所的專業人士協助時，首次被公認。

---

[3] 伯特蘭·羅素。人類的將來。（1950），George Allen & Unwin，倫敦。

[4] Fossion P, Rejas MC, Servais L, Pelc I, Hirsch S（2003）。探討猶太大屠殺倖存者家庭中的孫輩間世代相傳的創傷。
美國心理治療期刊。American Journal of Psychotherapy, 01 Jan 2003, 57(4):519-527.
https://europepmc.org/article/med/14735877.

此外，尋求專業幫助的大屠殺倖存者子孫數量比一般人高出 300％。從那時起，世代相傳創傷得到了認可，並在多數的族群中進行觀察，包括奴隸的後代、澳洲原住民、美洲原住民、柬埔寨難民與許多其他人種中。恐懼從一代傳到了下一代。如你可以想像的，長期的世代相傳折磨不會改善我們的世界。我們必須要意識到這一點，這是改變它的第一步。

　　人類的許多衝突都是可以改變、處理或用更好的方式解決。我們可以改善撫養下一代子女長大的情緒環境，並創造出人與人之間美好互動的一種文化。我們可以講述新的故事，並創造新的起點。這不是說我們不要承認過往的傷痛——恐懼、痛苦和折磨都是相互關聯的，而我們無法忽略它們。我們必需敞開心胸，正視恐懼、痛苦和折磨對人們的影響。這可以是**社區、國家和國際層面**。我們可以尋求改變恐懼和創傷，不讓恐懼和創傷進一步擴散和肆虐。

社區和國家層面的恐懼

　　社區和國家通常在群眾之間劃定無形的界限，並形成「我們」與「他們」的心態。除非你心中認定了這種界限，否則它們不是真實存在的。

皮尤研究中心5（Pew Research Center）在 2014 年進行的研究，著眼於恐懼（威脅）以及其在各國之間的差異。這項研究涵蓋了 44 個國家和 48,643 人。當被問及存在於世界上的最大威脅時，許多國家說出了影響他們或威脅其地區或國家的經歷。

大多數歐美國家的人將不平等視爲最大的威脅，貧富之間的差距是一個主要問題。中東人則說，宗教和種族仇恨是他們在世界上最大的威脅。49％的日本人提出核武攻擊或核子武器擴散是世界上最大的威脅。非洲則指出傳染性疾病，而多數的亞洲國家說，環境問題是最大的威脅。

正如你可以從這份報告看出，每一個區域都有它自己的主要恐懼，而這些擔心會對一個國家的快樂與否具有極大的影響。

在當今的世界，通常不是激烈的競爭讓人們放棄活出最佳的自己，而是所遇到的不平等和恐懼，使人們陷入絕望的深淵。儘管我們是獨一無二的個體，我們都以自己的方式展現自己的獨到之處，但我們每個人都希望得到平等對待，並有平等的機會成爲更好的自己。

我們必須透過學習儲備自我，以取得更好的生活、更美好的未來以及更完美的世界所需之技巧和知識。這

---

5 皮尤研究中心。「世界上最大的危險」。華盛頓特區（2014 年 10 月 16 日）。
https://www.pewresearch.org/global/2014/10/16/greatest-dangers-in-the-world。

些知識當中有一部分是關於如何面對及戰勝我們的恐懼。

藉由賦權給所有人並鼓吹包容和平等機會，我們可以滿足個人和國家的不同需求，並提供獲得自由和無限制的平等機會。

家庭和親密關係層面的恐懼

我們也會承受來自家人或親密關係的恐懼。根據波士頓兒童醫院的說法[6]，焦慮、恐懼和恐懼症是會遺傳的。兒童可以快速發展並學習恐懼。但是，正如美國精神病學家卡爾・奧古斯都・門寧格（Karl Augustus Menninger）所說，「我們被教育成受恐懼制約，如果我們想要的話，也可以教育成不受恐懼威脅。」

對此我也深有同感。如果迂腐守舊的思想影響了我們的成長，我們可以不拘泥於陳舊而選擇創新。我的爸爸媽媽接納了我們不同於其父母和祖先的宗教信仰，儘管他們對此曾有一些焦慮和擔憂，但他們還是尊重我們的選擇，給予我們支持和鼓勵，讓我們在新的生活中找到了新的方向。

---

[6] 波士頓兒童醫院。「恐懼症──症狀與原因」。2020 年 9 月 2 日線上檢索。
http://www.childrenshospital.org/conditions-and-treatments/conditions/p/phobias/symptoms-and-causes

許多恐懼源自一個人展翅飛翔的念頭，而最大的阻力可能來自我們最親密的家人和親戚。在所有恐懼中，最大的恐懼是害怕被排除於群體之外或被斷絕關係。

　　許多人帶著「家庭恐懼」的包袱是來自於原生家庭給他們的思想意識和價值觀念。例如，在亞洲文化中成長，有許多的重心都著重在教育和學校表現。孩子們可能很快就發展出擔心自己的表現無法令父母滿意，或者如果成績不好，就會讓父母失望之類的恐懼。儘管我的父母從來沒有對我說過：「如果妳成績不好，就會讓我們家丟臉」，但在我的潛意識裡，這是一個許多當下年輕人，在嚴厲的教育制度中和強烈的競爭風氣下，一個個心照不宣的真實故事。

個人的恐懼

　　「沒有每天克服恐懼的人是沒辦法學會生命的奧秘。」
　　　　——拉爾夫·沃爾多·愛默生

　　然後，我們會有個人的恐懼，那只有我們能感受到或者與我們情況切身相關。有些人害怕：

- 失敗
- 損失金錢
- 成功

- 搭飛機或密閉空間
- 動物

　　恐懼的清單很長，令人目不暇給。有些人有著較不尋常的恐懼，例如害怕小丑或戳破氣球。但是生活就是要克服這些恐懼，無論大小。無論多麼令人恐懼或荒唐，沒有恐懼是微不足道的。所有的恐懼對能感受到它的人而言，都很巨大。

　　重點是，要知道在整個人類的歷史中，人們不得不學習如何克服恐懼。我們都有這個共同點。但是通常很難知道恐懼從何開始。你能區分你的恐懼和你父母的恐懼嗎？或是在你精神上根深蒂固的文化恐懼？

　　最重要一點是，不管來源或情況，所有恐懼都可以用相同的方式處理。你可以克服所有恐懼。

妥協區

　　關於留在「舒適圈」的事實，在於它根本不舒適。事實上，我喜歡稱其為「妥協區」，它限制了你的成長並侷限了你的潛力。當然，從你所處的位置到你要到達位置的路徑上總會有顛簸。而有時你會很樂意待在你的「舒適圈」中，但是在「舒適圈」中的生活，並不是一個會讓你住得舒適的地方。

　　當人們在「舒適圈」待太久時，他們常常會感到萎靡不振、沉悶、缺乏火花和目的。它使你無法進一步擴

展自己，無法培養渴望探索新視野和機會的心態，即使
是那些不那麼熟悉的事物。

恐懼與向前邁進有關

「你要尋找的寶藏就在你害怕進入的洞穴中。」
——約瑟夫・坎貝爾

　　移民到澳洲數年後的某一天，我們接到通知，能夠
得到澳洲公民的身分。在獲得身分之前，我們會有一個
面試以確定我們瞭解澳洲的歷史和文化。

　　他們問的其中一個問題是：「為什麼澳洲在大英國
協紋章中選擇袋鼠和鴯鶓做為象徵？」答案是因為鴯鶓
和袋鼠都不能輕易地向後移動，它們總是向前移動。我
立即愛上了此象徵的涵義。這是多麼棒的澳洲精神。這
成為了驅動我的力量之中的一部分。能認清局勢很重
要，但勇往直前不後退也很重要。

　　克服恐懼會推動你前進。這就是為什麼我的 S.T.E.P.
「『站』勝恐懼」模式中的第一個階段，也是最重要的
起步，就是要帶著那樣的精神往前邁進，朝著更光明的
未來邁出這一步。

互相推卸責任的陋習

　　在你決定「『站』勝恐懼」之前，你需要放棄互相推卸責任的陋習，放棄指責別人、指責其他國家或文化、指責那些冤枉你或對你不公正的家人或朋友。正確的學習方式是勇於認錯並尋求改正的方法，立即去修正才不致於浪費時間在推卸責任上，從而阻礙或延遲了你「『站』勝恐懼」、勇往直前。

　　犯錯並不可怕，也不需要覺得羞恥。相反地，如果你能夠勇敢的承認錯誤，即時改正，那麼你很快就能將過去的錯誤放在身後，不再犯同樣的錯誤，進而能夠向著目標前進，獲得成功。

　　當犯錯時，如果只是口頭上說句「對不起」，那樣的道歉既無意義且不真誠。不但道歉的人不是真心道歉，聽到的人也無法接受。因為那只是表面的假象，並無法取得信任，而錯誤只會不斷地發生，毫無進步。

　　真正道歉的方法是，當道歉的人真心地向對方道歉，並且釋出誠意，要做出彌補。古老的諺語說，行動勝於雄辯。所以在道歉的同時必須要表達意願，以行動來緩解所造成的難過和損失。

　　唯有重新建立信賴的關係，身體力行、言行合一，才能將錯誤和失敗放在身後，以誠心和勇氣向前邁進。因此一個比較好的道歉方式可以是：對不起！我讓你難受了。「有什麼我可以為你做的？」或「我能做什麼來彌補，讓你覺得舒服一點？」

一個傷口，如果你不停的抓弄，它就無法癒合。傷口的癒合是需要時間和正確處理傷口的方式。雖然有的時候傷口癒合後可能會留下疤痕，但是這個疤痕已經不會再給你當時的疼痛了。

　　從另外一個角度來看，一個癒合的傷疤反而有提醒的作用。它告訴我們，痛苦已經過去了，不再痛了。你已經戰勝了過去，現在是要邁向嶄新的未來。疤痕在社會上具有悠久的歷史。有很多是光榮的疤痕，那是應該引以為傲的。它們象徵著征服了一場又一場艱苦的戰鬥，克服了一段又一段艱難的時期，這是值得尊重和引以為傲的。

　　戰士們接受良好的訓練，並為所得到的疤痕感到自豪，因為那證明他們成功克服。他們在每一次的冒險中學習，在訓練的過程或戰役中都會取得寶貴的經驗。雖然那當中的辛苦害怕都是真實的感受，但是當他們「『站』勝恐懼」，贏得勝利的時候，他們也真正享受成功的喜悅。

　　當年我的父母為了能以商業投資移民的身分移民到澳洲，他們賣掉了自己工作一生所擁有的一切，來完成舉家移民澳洲的夢想。雖然語言上有障礙，文化上有極大的落差，可是我們期待著新的生活，興奮不已！對未來充滿著希望！

　　但是要在一個新的國家，適應新的生活並不容易。我們很快的遇到了許多挫折，也發現事實並沒有想像中那麼容易和完美。即便如此，我的父母還是盡力保持樂

觀的心態，告訴我們，可以欣賞新環境的美麗，並從新的生活中探索學習。他們很常笑著對我們說：「住在雪梨不是很好嗎？這裡的人善良又有愛心，簡直是人間天堂啊！」

但是我感覺在他們的笑容背後，並不是真正的快樂。而我自己在學校也是痛苦掙扎，不僅什麼都不懂也很難以適應。所以一開始我只是不斷地抱怨我們的處境艱難，一切都想要咎責於其他的人事物。而在這樣沮喪的狀況中，還要假裝微笑，讓我更加的恐懼，因為只有恐懼的感覺是真實的。

長期的抱怨和慢性的困擾，使我的學習態度和生活狀況深深地受到影響。直到有一天晚上，我看到父母很努力的在閱讀一些學校的文件，辛苦的翻著字典試圖去理解每一個英文單字和句子的意思，卻還是徒然無功。最後他們只能明瞭學校費用的金額，因為那些是數字而不是文字。當時我親眼目睹了他們的掙扎：只知道要付多少錢，卻不知道是為了什麼付錢？

這樣的窘境，讓我理解所謂的「舒適圈」、「安全區」，一點都不舒服也沒有真正的安全感。從那時起，我開始知道，自己要努力的學習新的事物，儲備自己的能力，將來才能夠成功，創造美好的未來。要讓自己有獨立的能力，首要之務就是不要再怪罪於其他的人事物，一切從自己做起。生活想要有所改變，就要先從改變自己開始。只有自己有能力了，才能夠回饋家庭、社會和這個世界。

長遠考量——一切都會好起來

　　中文有一句俗語，船到橋頭自然直，指一切都會過去的。英文也有一句異曲同工之妙的話，叫做「everything will be OK」。可是很多當下還在困境當中的人，並不一定認同這個說法，只能苦笑以對。

　　在這樣的情況下我就會喜歡引用披頭四的 John Lennon 的名言：「Everything will be okay in the end. If it's not okay, it's not the end.」

　　最終一切都會好起來的。如果事情還沒有改善或者好轉，表示還沒有抵達最後終點。通常我與人分享這一句名言的時候，心情再難過的人也會回給我一個會心的微笑。

　　是的！微笑是最好的良藥。它不但能夠化解矛盾，還能夠幫助彼此一同開心和喜悅。因為快樂的心情是能夠被感染的。

　　我有三件重要的發現：
　　1.最終一切都會好起來的。
　　2.你我並不孤單。
　　3.恐懼是可以被克服的。

　　很多時候，我們往往會加諸許多的壓力在自己的身上，感到無助而脆弱。可是我們不用被懼怕壓倒，因為有很多人也跟你我一樣：有過有恐懼的困擾或正在恐懼的當中，甚至將來還要面對未來恐懼的煩惱。所以你我

並不孤單，一切都會好轉，恐懼是可以被克服的。我們可以一起「『站』勝恐懼」！

澳洲的健康報告[7] 指出，每年約有 400 萬（五分之一）的澳洲人經歷精神方面的疾病。另外，約有 45％的 16-85 歲的澳洲人，在其一生中會患上精神疾病。另一份報告估計，憂鬱症每年使澳洲企業蒙受約 126 億澳幣的損失[8]。

知道你自己不是孤單一人是十分重要的。有時你會無法獨自面對，這就是為什麼你需要有其他人陪伴你身旁或加入志同道合的團體或是隸屬於特定的社群——讓你知道自己並不孤單。

在 2020 年的新型冠狀病毒大流行初期，我去了住家附近加油站的附設咖啡館。那時除了民生必要性的服務，如加油站、醫療、超市……等，有許多的商家因新型冠狀病毒疫情被政府強制暫時停業。那個星期一是防疫政策推出的第一天。因此對於很多人來說，那是一個非常令人恐懼的時刻。許多人感到恐慌，覺得自己驟失

---

[7] 2018 澳洲健康與福利研究院。2018 澳洲的健康。澳洲的健康第 16 期。AUS 221. Canberra: AIHW.
https://www.aihw.gov.au/getmedia/7c42913d-295f-4bc9-9c24-4e44eff4a04/aihw-aus-221.pdf

[8] LaMontagne AD, Sanderson K, & Cocker F（2010）：預估消除造成憂鬱症的危險因子-工作壓力-的經濟效益：總結報告。維多利亞州健康促進基金會（VicHealth），澳洲墨爾本。
https://www.vichealth.vic.gov.au/~/media/ResourceCentre/PublicationsandResources/Economic%20participation/Job%20strain/P-022-SC_Job_Strain_SUMMARY_October2010_V12.ashx

方向。頓時怨聲載道，很多人指責其他國家、政府甚至殃及周圍的人。

對很多人來說，這是非常令人憂鬱的一天。而那一天，惡劣的天氣也反映了人們的心情。在我一如往常去加油站咖啡館買咖啡時，有個我常看到的店員叫沃倫（Warren）。他是位十分風趣、總是笑臉迎人的店員。但在那天早上，他卻一反常態，看起來非常不安和擔憂。所以我用我最開心的聲音問他『嘿！沃倫！你今天好嗎？幫我做一杯你最拿手的馥列白咖啡如何？』

沃倫低著頭說：「沒問題！像平常一樣的大杯馥列白咖啡是嗎？馬上就好。」

我看到了他心中的困擾，很想讓他振作起來，所以我繼續說「嘿！你知道嗎？你拿手的香濃咖啡，是我每天美好開始的最佳動力。」

他勉強擠出個微笑，卻也面帶疑惑的看著我燦爛的笑容，心想：封城才剛剛開始，在這人心惶惶、局勢不安的時候，怎麼還有人笑的出來呢？在我身後的下一個顧客正好需要買冰袋，所以沃倫必須走到店外的冰櫃取冰。望著陰霾的天氣，幾滴雨水剛好落在他的臉上，此時沃倫說：「上帝呀！太陽什麼時候才會出來呀？」

就很多層面來看，當人們對未來未知的恐懼越來越強烈的時候，真的會有無語問蒼天的感慨。可是我對未來充滿著希望，因為我知道艱難的時刻一定會過去，而堅強的人能持久並獲得最後成功的喜悅。我深信團結力

量大。我們可以一起「『站』勝恐懼」，享受美好的明天。我轉向沃倫說：「別擔心，太陽會出現的。」

在我走回車上時，想起了這首讚美之泉（Stream of Praise）唱的《雲上太陽》，哼唱著歌詞。

> 無論是住在美麗的高山，
> 或是躺臥在陰暗的幽谷；
> 當你抬起頭，你將會發現，主已為你我而預備。
> 雲上太陽，它總不改變，雖然小雨灑在臉上，
> 雲上太陽，它總不改變，啊~它不改變！

結果那天下午，天氣就放晴了。看著美麗的藍天白雲，讓我想到了沃倫。希望他有看見，太陽真的出來了。

隔天，我去商店買最喜歡的馥列白咖啡。由於防疫新措施，沃倫和客戶之間有了一個保護隔板。我說：「嘿！沃倫，太陽真的出來囉！」

我可以看到他在隔板後的微笑。儘管有著人與人之間的社交距離規定，但微笑可以立即穿透那層顯而易見的障礙。

第三天早上，我去買咖啡時，沃倫已經可以重拾他的幽默，並從透明隔板後開玩笑的說：「凱薩琳，妳每次來店裡買咖啡的笑容，可以帶給人們滿滿的活力。妳要多多鼓勵我們，讓大家都開心喔！」

短短不到一週的時間，沃倫就擺脫了一開始的失望和焦慮，原本的愁容滿面很快的就轉變成笑容滿面。而這樣的改變和轉變是可行且會達成的。因為艱難的時刻不會永遠持續，但是堅強的人可以堅毅持久，最終達到成功的喜悅。

　　知道自己不是獨自面對困難，是很重要的。真正的快樂就是身邊的人與你一起開心，而不僅僅是在你身旁看著你開心或是為了取悅你而存在。當我還是個孩子時，曾以為當父母親快樂時才是我最快樂的時刻，但我逐漸明白，能夠分享的快樂更加美好。

　　你不是只想自己一個人開心。你也不會希望別人只有在看到你開心的時候才感到快樂。真正的開心是，愛你、關心你的人與你一同感受快樂。

　　如同我自己，每天早上走進加油站咖啡館買咖啡的時候，都感覺很開心，但是我並不會只想獨自擁有所有的快樂。我會非常希望沃倫和周圍的人都能夠和我一起分享快樂，所以我們可以一起享受它。正如偉大的美國詩人馬雅・安傑洛（Maya Angelou）所說[9]：「人們會忘記你說的話，人們會忘記你的所作所為，但人們永遠不會忘記你帶給他們的感受。」

---

[9] Caged Bird Legacy | Angelou, M., 2016。「我知道籠中鳥為何歌唱」馬雅・安傑洛博士遺留的深遠影響。
http://www.mayaangelou.com

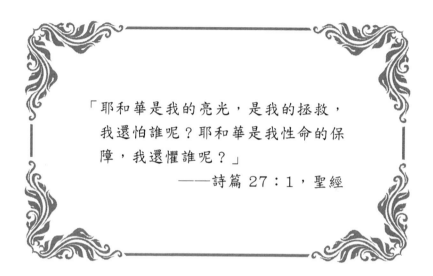

「耶和華是我的亮光,是我的拯救,
我還怕誰呢?耶和華是我性命的保
障,我還懼誰呢?」

——詩篇 27:1,聖經

痛苦的過程

痛苦通常會引起所有的負面關注，但有時痛苦也會帶來積極影響。痛苦只是生活過程的一部分。我們所有人都有各自能夠忍受的痛苦，只是程度有所不同。

毛毛蟲必須獨自進入黑暗的蛹中，才能長出翅膀並變成美麗的蝴蝶。破蛹而出的過程會很痛苦嗎？那看起來的確很有挑戰性。

但是，如果你試著打破蛹來幫助蝴蝶，反而可能會阻礙其飛翔甚至存活。事實上，蛹裡的蝴蝶，必須用牠的身體，從小孔努力掙扎出來，才可將身體的體液壓進翅膀裡，協助其飛翔。如果蝴蝶沒有經過破繭的掙扎，翅膀就會不夠堅強而無法展翅高飛，甚至會造成死亡。

身為人類，我們有幸能夠在群體中生活。當我們經歷到生命裡的「掙扎」時，我們不需要在奮鬥中感到孤單，反倒是可以找到能夠幫助我們的人，一起度過難關。就如同在黑暗的蛹外是一片光明。如果你正在為飛翔而準備或者是已經準備好要飛翔，都不要因為幾次的失敗、掙扎的痛苦以及暫時的黑暗過程而懼怕。請記住，黎明之前總是一片黑暗[10]。

---

10 利・米切爾・霍奇斯所說的「失敗往往是黎明前的黑暗，繼之而出現的就是成功的朝霞」
「Failure is often that early morning hour of darkness which precedes the dawning of the day of success.」
——Leigh Mitchell Hodges（1876-1954）

當我的長女莎拉（Sarah）即將出生時，我一生中都未曾經歷過那樣的疼痛。那疼痛來得又急又快，並且無比強烈，我甚至沒有時間去想是否需要止痛劑。我是自然產，我直覺反應就是我快要死了。嬰兒即將出生的時刻，正是極端疼痛的宮縮。那難以忍受的痛楚期間，就是你努力要將腹中的寶寶分娩出，迎接光明世界的時刻。

　　老實說，在成為母親之前，我未曾體驗過那般的痛楚。沒想到產前的劇痛，竟然會給我前所未有的一股全新力量，讓我和自己產生了一段奇妙的對話。我說：「我死了也沒關係，只要寶寶平安健康就好。」我深信許多的母親定會與我同感共鳴。當妳忍受極端的痛苦是為了要迎接一個新生命的到來，妳心中無條件的愛也達到了頂點。

　　由於我第一次分娩的經驗很痛苦，所以我很害怕面對第二次要生小兒子的時刻。我只知道疼痛是免不了的，所以應該專注在比疼痛更重要的事上，那就是對孩子無限的愛。分娩的痛苦來自於子宮的收縮及產道的擠壓，重點在於可以幫助寶寶排出呼吸道內的羊水和黏液，也使他的肺部得到鍛鍊，有利於新生兒正常的呼吸。於是我專心想著寶寶出生的喜悅，並不斷地提醒自己，要信任幫助我的醫療團隊，他們十分專業。當小兒子剛出生時，我只記得自己不停地告訴他：「我愛你。我愛你。我愛你。」我第二次生產的體驗，感受到更深層的快樂，並不是因為疼痛的量變少，而是在第一次生

產時，我對生與死的微小界線太過恐懼，而不知如何克服。現在回想起來，如果沒有經歷過當初的痛苦，我就無法欣賞接下來更美好的人生。

有時沒有經歷過痛苦，我們無法欣賞其美麗。

我在雪梨演講的時候遇到了一位姓名是 Khoa Nam Tran 的男士。當時我們在同一場特別活動上演講。Khoa 在一場嚴重的車禍中失去了雙腿，現在靠兩隻金屬義肢行走。他說，那次的事故使他變得更加珍惜生命，更懂得感恩。從他的內心產生了一股新的力量，讓他欣賞新的自己，過嶄新的人生。

愛爾蘭詩人奧斯卡・懷爾德（Oscar Wilde）曾說：「看似痛苦的試煉往往是偽裝的祝福。」

我們只要尋求學習，就能夠將痛苦轉變成改變人生潛在的力量。

在各階段的學習

當你覺得可以從生活的每個階段與任何經驗中學到東西時，恐懼會自動減少。你有上台演講過嗎？恐懼與興奮之間可能會發生拉鋸戰。一部分的你對於在公共場合發表演說感到害怕，而另一部分則很樂意分享自己的訊息。

因此，在任何情況下你都可以感受到恐懼和興奮，因為有令人驚奇的事物等待著你探索，等待你真正邁出

第一步。然後，當你跨出這第一步時，你就會從恐懼變成興奮。通常你會忘記恐懼帶來那負面與狹隘的一面，因為你已從中獲得許多樂趣。只需邁出一小步就能擺脫恐懼。隨著時間的流逝，這踏出的每一小步都將成為你的墊腳石。沒有它們，你將如何從這一頭到達那一端呢？

　　每個人信仰的原則或理念不盡相同，所以會用不同的眼光或是不同的方式看待這個世界。所以，如果我們要消除自己內心的恐懼，就要先從改變自己開始。這可能會包括原生的信仰系統、意識形態、理念原則的分析重整與再評估，才能夠用新的眼光、新的角度去面對恐懼、**戰勝恐懼**。過去的就讓它逝去，擴大我們對現在的感知，迎接美好的未來。

透過痛苦所學到的經驗

　　老子說：「禍兮，福之所倚；福兮，禍之所伏。」《道德經》，在英文中被翻譯成「新的開始常常被偽裝成痛苦的結束」。痛苦終將消失。但是，重要的是我們要記住自己所獲得的經歷。有人說短期痛苦，長期收穫。並非所有的經歷都具有長期參考的價值，但某些最具挑戰性的經歷將必定是人生寶貴的經驗。如果你不珍惜它，你就不會記住它，也就無法從中學習。更重要的

是，我們要謹記那些曾在重要時刻幫助過我們的人，因為他們讓我們在困境中並不孤單。

當德蕾莎修女看著人們每天受煎熬時，她意識到世界上最大的苦難就是孤獨。她盡其一生都在幫助人民，尤其是印度貧民窟的窮人和病人。我記得有一部紀錄片，她在那裡抱著貧窮無助、病重而將死之人。德蕾莎修女將他抱在懷裡。記者問她：「你明明知道他即將死去，為什麼還要這樣做呢？」

那個人離世時臉上掛著微笑，輕聲地對德蕾莎修女說：「妳讓我知道我並不孤單，謝謝妳陪我到最後。」我想在那一刻記者的問題得到了完美的答覆了。

她為身處困境的人們提供愛與希望，留下她的影響力，為這世界減少痛苦並增加更多的美好。她的精神是令人敬佩、值得效法的。

世代相傳的影響力

帝王蝶需要四代接力才能完成遷移，每一代都會盡力飛翔，直到走向它們的生命終點，然後就由下一代接棒。牠們不一定知道自己的這一代能飛多遠多久，但最終，世代接力的努力一起造就了超級一代的帝王蝶，來延續自身的物種。

人類相比其他物種對未來的趨勢和社會的運作有更大的影響力，就算我們不知道會需要多久以及為什麼會

要多走那一里路，也會下意識地把自己推向新的極限。
這樣傳承下來的影響力是巨大而深遠的。世代相傳的力
量將為我們的下一代開拓嶄新的領域。

「儘管這個世界充滿了苦難，但也充滿了征服苦難的力量。」

——海倫・凱勒

忠於小事

　　學習如何使用 S.T.E.P.「『站』勝恐懼」模式能讓你成為自己想要成為的人、做自己想做的事情以及過著自己想過的生活。所有偉大的旅程都是從小地方開始的，所以需要學習忠於小事。

　　正如老子所說：「千里之行，始於足下。」《道德經》

　　我想告訴你們一個忠於小事的例子。我加入了一個很有意義的慈善組織，叫做 B1G1。他們倡議的概念是任何人都可以使用的社會貢獻系統。它不需要大筆捐款或舉辦大型的慈善晚會，這個系統特別之處是在於讓普通人也能夠分享給予的喜悅。

　　創始人，佐藤昌美，在 2007 年以一個『小事力量大』的概念，創立了 B1G1（Buy 1 Give 1，買一捐一）。她說：專注給予就能讓人快樂。她意識到，實現一個充滿真正雙贏關係的世界，需要與來自不同文化的人建立真正的聯繫。她也深信連結和給予的力量，並依此創造了新的慈善模式，幫助商業成功的轉型。

　　十多年後，B1G1 已成為全球運動，也是發展速度最快、成功改變世界的活動之一。B1G1 將每一筆「購買」的商業活動與「給予」有意義的行動聯繫起來，讓每個企業都能以自己的能力，將賺取的利潤，傳遞到世界各地來扶持其他弱勢族群、家庭與兒童的需要。使我們的世界產生有意義的變化，讓每一個參與貢獻的企業團

體，能夠彼此連結、接力傳承。至今 B1G1 在全球有 2000 多個參與的中小企業的會員，一同幫助 700 多個慈善項目。這些有意義的捐贈，包括了為貧困社區提供乾淨的水，為貧窮的農家提供種子，為單身工作的母親提供商業貸款……等等。這是一個能讓任何一個小型企業，也能夠有遠大的目標，為自己公司的信念和存在的價值，建立一個良好管理的模式和對世界大有影響的延續。世界上如果只有一間公司或一個人，所能做出來的改變是有限的。可是，透過連結我們每一個人就可以做出巨大的改變，這就是所謂的深度連結。不需要靠單一個人做一件大事，每一個人都可以從小事做起，因為每一件小事團結起來的力量，能造成巨大深遠的影響。所以當一個慈善機構的項目需要大筆的款項時，B1G1 會將其分解為易於支持的單元，好讓許多的中小企業都能夠一起參與支持。世界也會因為集合每一個微小的影響而一點一滴的改變。它最終會成為一個良好的給予習慣，也能讓人擁有真正的快樂。

　　舉例來說，我們在雪梨的家庭牙醫診所：

　　每當患者在接待處接受一杯茶或咖啡時，我們都會提供一天分的糧食來滋養馬拉威的一個孩子。每次有新的患者預約時，我們就提供一日劑量的維生素 A 補充劑，給位在肯亞，圖爾卡納郡的一名兒童。當我們每照顧一位需要緊急護理的患者時，我們就在婆羅洲種一棵樹以支持重新造林。

當我們使用舒眠鎮靜進行無痛牙科治療時，我們會透過澳洲維多利亞州埃德加（Edgar）動物收容所，為其所救助的動物提供一餐。當一個新來的兒童患者坐在牙科椅上，與我們一起快樂地數有幾顆牙齒時，我們為紐西蘭的弱勢兒童提供一天的教育支出。當患者在牙科椅上開懷大笑並感謝我們為他帶來愉快的牙科體驗時，我們為在肯亞或尼泊爾的一個女孩，提供了一天的個人衛生護理用品。

　　當患者回診進行每六個月的牙科檢查時，我們為在摩洛哥 El Jebha 城的一名兒童提供一日的口腔衛生服務。當患者因功能性牙齒美容治療而展露燦爛開心的笑容時，我們會種植並保育四棵雨林樹，以提供澳洲昆士蘭州使命海灘瀕臨絕種的南方食火雞有復育的棲地。

　　當我們去拜訪幼兒園或學校，使用布偶劇來教導學齡前和就學兒童如何保健牙齒的時候，我們為南非布法羅市的一個孩子提供一套特殊的學習工具。當我們給患者一張感謝狀的時候，我們為在柬埔寨的一個女孩提供一天的閱讀材料。

　　由於這個商業轉型的想法很新穎，一開始並不容易實行。所以當我第一次把這個給予的概念帶入我們的牙醫診所時，團隊成員們並不完全理解，也不懂該如何做？所以在初始的前幾週都沒有病人在候診間接受我們提供的飲料，因而我們也沒有付諸任何傳遞給予的行動。

經過與團隊的討論，我們發現，要讓患者放心享受服務就需要先了解患者的等待心理，讓他們感受到你的真心誠意，才會接受你的服務方式和選擇你提供的服務項目。

經過一番演練後，在一個熾熱的夏天午後，有一位名叫菲利普的先生，氣喘吁吁的趕到我們的診所，很擔心趕不及看診的時間。接待處的成員很親切地向他打招呼，還貼心的說：「菲利普先生，您別急。歡迎來到 Chats Dental。今天的天氣真熱，讓我先提供您一杯茶水，讓你好好的喘口氣，休息一下好嗎？」菲利普先生非常的驚訝的說：「我可是要來洗牙的，還能喝茶嗎？」

我們訓練有素的成員立即回答說：「沒有問題！您可以放心的喝這杯茶。等一下凱薩琳醫師就會幫你把牙齒仔細地清潔乾淨。」於是菲利普先生立刻放鬆了下來，帶著微笑接過了這一杯為他泡好的檸檬薑茶。開心的享用完這杯茶後，菲利普先生微笑的說：「謝謝你！我現在感覺好多了。」

等到看診時，我問菲利普先生：「您今天好嗎？」他回答說：「凱薩琳醫師，我不知道那一杯茶裡有什麼神奇的東西，原本要來看牙前我還有點害怕，感覺壓力很大，但是喝了那杯茶後，現在感覺舒服多了，謝謝你們。」他看診後離開之前，還跟所有的團隊成員表示感謝，並且開心的說：「期待我們下次再見！」

這個真實的小故事，顯示了注意細節的重要性以及人在最小的事物上用心，就能成就大事。

著名的詩人埃米莉‧狄更生（Emily Dickinson）說：「如果你照顧好小事情，大事就會自然而然地解決了。經由密切注意小事情，你可以將自己的人生掌控地更好。」

你無需成為克服恐懼的超級英雄；你只需要把每一件小事情做好。

史丹佛大學的行為科學家布萊恩‧傑弗瑞‧佛格（BJ Fogg）表示想要培養新的行為或新的例行程序，成功的關鍵在於從小習慣做起[11]。1998年起，他就在史丹佛大學行為設計實驗室做各種研究，瞭解習慣是如何養成的，以及如何堅持下去。佛格發現，多數人想要培養新習慣時，總是目標太高太遠大，因此容易失敗。舉例來說，如果你的目標是每天喝兩公升的水，關鍵是從睡醒之後先喝一點水開始。只要從小小的行動開始就更容易堅守新的習慣。

---

[11] 布萊恩‧傑弗瑞‧佛格「設計小習慣：來自史丹福行為設計實驗室的行為改造術」。https://www.tinyhabits.com/about

「並非所有人都做大事。但是，我們可以懷著極大的愛去做小事。」

——德蕾莎修女

下一步

在下一個章節中，我們要邁出那小小的第一步。

你要學習如何站在恐懼之上，把恐懼踩在腳下，而不讓它在你的頭上施加壓力，因而阻礙你實現自己的夢想。

忠於小事代表我們在風險較低時，可以學習強大的新技能。然後，我們就可以勇於嘗試新的方法，然後在行為過程中去體驗、學習和成長，以便在面對更加嚴峻的風險時也能面對挑戰，駕馭人生。

以下是我的「邁向成功最佳模式」，它可以幫助你將障礙物轉化成為墊腳石。這幾點是對我的人生有重大影響而不能小看的親身經歷：

承認與接受

- 將障礙視為絕佳的學習
- 在挑戰中尋找經驗
- 確認你的恐懼根源——世代相傳/國家/家庭/個人
- 記住痛苦必定有其目的
- 為自己癒合的傷疤感到驕傲

道歉並尋求答案

- 當你犯錯時，要眞誠的道歉、承擔責任並願意彌補過失
- 提出有內涵的問題
- 傾聽答案
- 停止咎責他人
- 行動勝於雄辯

建議、感謝與行動

- 尋求幫助和建議
- 表示感謝
- 立即採取行動
- 你並不孤單

前進與成就

- 一旦建立堅固的基礎後，要繼續保持前進
- 每踏出一步都達到更高境界，效法鴯鶓和袋鼠
- 最終總會變好的
- 離開你的妥協區
- 邁出重要的第一步

第三部分
「站」勝恐懼

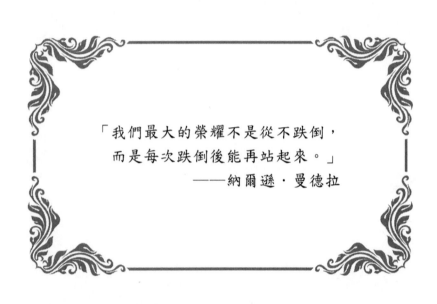

「我們最大的榮耀不是從不跌倒，
而是每次跌倒後能再站起來。」
　　　　　　——納爾遜·曼德拉

邁出你的第一步

如你所知英語是我的第二語言，所以我喜歡讓事情簡單化。它會更容易理解、應用和堅持。記得有位導師曾告訴我：「如果你要說的句子超過四個字，人們就不會專心聽了。」他堅持「保持簡單原則」。

因此，我開始思考要如何以最簡單的方式，去傳達關於恐懼的相關訊息及每個人的應對能力。就像其他人一樣，我遇到了各式各樣的挑戰、困難和問題，但是我想要一種適合每一個人且可以應用於所有情況的方法：一種不需要大學學位就能理解，並且要付諸實現也不會太複雜的方法。

常有人說第一步總是最難的，但是我們也不應忘記它也是最重要的，因為要穩住第一步才能登上下一步。正如偉大的馬丁‧路德‧金恩博士所說：「你不必看到整個樓梯，只需踏出第一步就好。」

同樣地，我已經透過我 S.T.E.P.「『站』勝恐懼」模式，幫你蓋了一座樓梯。巧妙之處是，你可以握住我的手，一次只前進一步。請記住那句久盪在人心的登陸月球經典名言：「這是我的一小步，卻是人類的一大步。」這也是我的模式運作的方式。你的一小步最終將成為一大步跨越。但是你必須要先跨出第一步才能開始！

一個有效的模式

我們人類具有極好奇的天性。好奇心是我們認知的基本要素。透過尋找我們週遭環境的相關信息時，我們學會如何駕馭所處的環境。當我們探索並滿足好奇心時，大腦會釋放一種稱為多巴胺的神經激素。

多巴胺、催產素、血清素和內啡肽（D.O.S.E. = Dopamine, Oxytocin, Serotonin, and Endorphins）共同構成了負責使我們感到高興的神經遞導物質的四重奏。當我們的好奇心被壓抑或變為徒勞地尋找時，我們會感到迷失。迷失不僅是指迷路，而且是思想的挫敗，它常常導致懷疑、不信任、悲傷和擔憂。這些感覺創造了一種無助感，並能使人感覺**挫折**（Frustrated）、**情緒化**（Emotional）、**憤怒**（Angry）**或不滿**（Resentful），也就等同恐懼（F.E.A.R.）。

正如約翰·牛頓（John Newton）所作的膾炙人口的讚美詩《奇異恩典》（Amazing Grace）中的歌詞說：「昔我迷失，今歸正途，曾經盲目，重又得見」，如果身邊有指南針可以指引方向，幫你找到回去的路，迷路就不再可怕了，甚至能讓你找到生活中更好的前進方向。

在整個歷史和世界各地的文化中，有許多不同的模式和想法可以幫助人們擺脫恐懼，有些有用，當然也有很多是沒有用的。

我所建立的 S.T.E.P.「『站』勝恐懼」模式是基於我發現有很多人並不知道自己迷路且失去方向了。正因爲他們不曉得所以無法理解，爲什麼他們的心不再歌唱，而又爲什麼他們的靈魂會感到哀傷。

　　我了解到，人們偏好具有可預測性的生活模式，他們通常寧可選擇跟隨潮流並待在「舒適圈」（也被我稱爲「妥協區」）裡。有些人可以很坦率地承認自己的這種行爲模式，但許多人卻不知道也不曾質疑自己的思想和行爲，是受到了周遭人們和環境趨勢的影響。

　　這讓我明白，有時候人們無法自發抬頭觀看四周，讓自己充滿好奇心。他們已根深蒂固地認爲，就該這樣繼續他們長久以來所擁有，甚至跨越了好幾個世代的生活模式。所以我自問，我該如何重新激發他們的好奇心，爲他們的生命注入主動積極。怎麼幫助他們找出問題所在、找出實際上是什麼在干擾他們的心靈、造成他們的恐懼。我能幫助他們使用我的 S.T.E.P.「『站』勝恐懼」模式，重新激發他們的好奇心、找到解除問題的答案及克服生活上遇到的困難與阻礙。

　　藉由 S.T.E.P.「『站』勝恐懼」模式，它易於理解及遵循的四個階段，你可以靠著它像指南針一樣指引你，將恐懼變成歡呼！

恐懼因素

　　對某些人而言，「恐懼」可能不是一個很好的用詞，它可能會讓人聯想到一些負面的含義。他們可能會敬而遠之，或者僅僅一提到這個詞就讓自己感到害怕。它可能會引發人們的想像力，想要逃走甚至讓他們渾身顫抖。

　　另外一些人可能會將「恐懼」一詞與一些令人興奮的事情聯想一起，像是跳傘或極限運動。其他人則將恐懼視為動機和驅動力，例如，對體重過重的恐懼可能會促使某人開始運動，而對失去金錢的恐懼可能會激發他們開立信託帳戶。

　　對我而言，恐懼一詞則是全關於轉變：以一種可以推動自己前進的方式來善用恐懼。因此，無論你認為你的恐懼是積極或消極的都沒關係。如果你知道如何利用你的看法，你都可善加利用此積極或消極的恐懼，使它對你有利。正如埃莉諾·羅斯福（Eleanor Roosevelt）所說：「透過每一次真實面對恐懼的經歷，你都會從中獲得力量、勇氣和信心。」

　　你首先要以直視恐懼、按兵不動、並誠實面對自己的感受，來征服恐懼，而不要因害怕而退縮。

　　我認為恐懼是一個很好的用詞，因為它使我們能打開心胸去討論。你可以從表面上談論它，或者可以實際上進行更深入的探討。但是我一次又一次地注意到，勇敢的面對恐懼，就能讓充滿希望的曙光，照亮我們的生

命。所以我選擇將恐懼這個用詞隱喻為尚待探索的可能性之窗。

另一個讓我相信使用恐懼作為開啟探索人潛能的原因是因為它是有情緒性的。科學顯示，實際上我們的情緒驅動力主宰著我們所有的潛意識決定，因此若忽略驅動我們情緒的因素，實際上可能會鑄成大錯。因為我們通常需要意識到情緒的驅動力，才能激發做出重大改變的行為。

恐懼是一種正常的人類情感，也是人類最大的敵人。最常見的恐懼包括公開演講、密閉空間、蛇和蜘蛛、看牙醫、搭飛機、懼高症，以及尤其是對未知的恐懼（Fear Of The Unknown）。大約有四分之一的人，都會在一生中經歷過某種形式的焦慮障礙[12]。我自己預期這種現象會隨著撰寫這本書的同時上升，因為新型冠狀病毒正在全球肆虐著，而恐懼達到歷史新高。我認識的大多數人（包括我自己）從未經歷過疾病大流行，而這自然而然地在人們的生活中造成了新的不確定感。

來自美國的國家共病症研究調查回覆[13]（NCS-R）的診斷數據估計，有 9.1％的成年人患有特定的恐懼症，而估計有12.5％的成年人，在一生中曾經歷特定的恐懼症。

---

[12] 馬丁，派崔克。「焦慮障礙的流行病學：回顧」。臨床神經科學的對話（2003）。
https://www.ncbi.nlm.nih.gov/pmc/articles/PMC3181629/?xid=P S_smithsonian
[13] 哈佛醫學院，2007。全國合併症調查（NCS）。（2017 年 8 月 21日）。檢索處：https://www.hcp.med.harvard.edu/ncs/index.php 數據表格 1: 終生盛行率 DSM-IV/WMH-CIDI 性別與群體失調

而這僅僅是對「特定的恐懼症」做的調查數據，試想我們若對廣泛性的焦慮做調查，那得到的數據將會非常驚人。

當然，一般的恐懼更難加以衡量，也沒有必要去計算；因為誰一生中沒有經歷過恐懼？我認為恐懼是全人類普遍共有的[14]。南昆士蘭大學（USQ）的臨床心理學家副教授加文‧貝卡里亞（Gavin Beccaria）說，人們對自己感受到恐懼而產生的壓力是非常真實的，且需要被認知。

對此我非常同意。為了克服恐懼，我們首先必須知道恐懼可以用任何型態出現也可以不受時間或空間的限制而存在。當恐懼阻礙你的行動禁錮你的內心時，它就像是夾住翅膀的陷阱器具箝制了你原本可以展翅高飛的自由。

恐懼的真相是，你其實根本不需要有什麼「事情」讓你害怕。來自加拿大里賈納大學心理學系，焦慮和疾病行為實驗室的尼古拉斯‧卡爾頓（Nicholas Carleton）博士撰寫了一篇關於恐懼的的出版物[15]。卡爾頓博士在其中指出：「對未知的恐懼可能是一種人性的本能。」甚

---

[14] ABC新聞。勞埃德，雪萊。「高達15%的人口有非理性恐懼中對魚及蜘蛛的恐懼症」。2019 年 12 月 3 日星期二線上出版。
https://www.abc.net.au/news/2019-12-03/phobias-a-risk-for-15-per-cent-of-population/11734718

[15] Carleton, R. Nicholas（2016）。對未知的恐懼：一個恐懼支配全部？。焦慮障礙期刊。39-41 頁。
https://doi.org/10.1016/j.janxdis.2016.03.011

至變化也是屬於未知的，而絕大多數人都對變化有所懼怕。

　　身為一名牙醫，我常常都會看到並處理人們的恐懼。我也注意到人們對於未知有恐懼。一系列與不確定性的恐懼有關的問題包括了：

- 氣候變遷
- 疾病大流行
- 人際關係
- 經濟情勢
- 工作保障和失業
- 健康和疾病
- 死亡

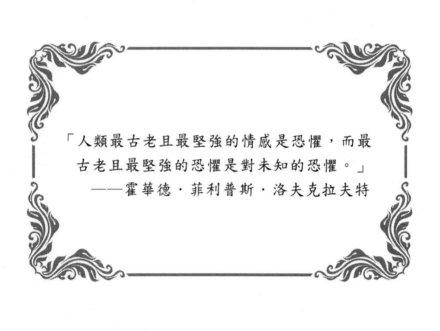

「人類最古老且最堅強的情感是恐懼，而最
古老且最堅強的恐懼是對未知的恐懼。」
——霍華德・菲利普斯・洛夫克拉夫特

未知的清單繼續增加。在當今社會中，對未知的恐懼依然存在且仍在不斷進展中。但我要你知道，它不應控制你或控制你的生活。除了默默接受被恐懼支配之外，你還有其他選擇。你不需要一想到恐懼就瑟瑟發抖。

　　研究發現，在感到焦慮之後，所帶來的情緒波動能影響你長達四個小時。其他研究[16]也顯示，即使是一段只有五分鐘的憤怒，也會減弱你的免疫系統超過六個小時。

　　因此，焦慮、憤怒和其他情緒會對我們的身心健康產生重大影響。它們引起更深層次的問題。但好消息是，科學研究報告[17]也顯示，持續思考事物的光明面實質上會延長喜悅的感受，而這些溫暖，模糊的感覺也可以持續長達六個小時之久。

---

[16] Rein G, Atkinson, M, McCraty R。「同情和憤怒的生理和心理影響」，醫學進步雜誌（1995）。
https://www.heartmath.org/research/research-library/basic/physiological-and-psychological-effects-of-compassion-and-anger/

[17] Verduyn, P., Lavrijsen, S. 「哪些情緒持續時間最長，為什麼：事件重要性和沉思的作用」。Motiv Emot 39, 119–127（2015）。
https://doi.org/10.1007/s11031-014-9445-y

這就是為什麼我相信，恐懼（F.E.A.R.）並不是以假亂真（False-Evidence-Appearing-Real），而它實際上會讓你感受到：

挫折	Frustrated
情緒化	Emotional
憤怒	Angry
不滿	Resentful

恐懼測試

思考下列問題，看看恐懼是否正阻止你達到最佳狀態：

1. 你是否經常擔心別人對你/你的工作/你的能力的看法？
2. 你是否會害怕失敗或不夠出色？
3. 你是否會整天/或是花了許多時間，擔心一些可能發生卻又不在你的掌控範圍內的事情嗎？
4. 你會因害怕受到他人的批評而阻止自己做喜歡做的事情嗎？
5. 你是否有夢想和抱負，但卻沒有採取任何行動實現它？

6. 你是否不敢做決定或爭取機會，因此阻礙自己的成功/成長？

7. 你是否會怕黑、怕高、怕水、怕生病、怕死亡、害怕未來？

如果你對以上任何一項回答「是」，那代表恐懼出現在你的生活中並束縛你。你無需再抓緊這樣的負擔不放了。

有時，這些問題或憂慮讓人感到非常沉重而難以抵抗。我經常形容這感覺就像是烏雲緊跟著你，而無論你走到哪裡，那片烏雲都帶著黑暗和威脅性的陰影跟隨著你。整片天空變得黑壓壓一片，而你覺得無處可躲，因為烏雲一直在跟在你的頭上。

但我想讓你知道，有個地方是你可以去的，而且不是要你逃離或躲避密布的烏雲。你必須朝向烏雲之上邁進，才能低著頭看烏雲。一個陽光永遠燦爛且烏雲無法讓你淋雨的地方。自由就在雲層之上。

用另一種方式形容恐懼，它就像是你隨身拖著且跟隨你到每個地方的沉重行李箱。你就這樣日以繼夜地拖著它，卻從沒想過你可以放下它。恐懼和憂慮如影隨形地跟著你，它讓你感覺自己的一生都被榨乾了。

當你總是感到精疲力盡，就會開始抱怨生活是多麼艱難和累人。無論你去商店、去散步、去拜訪朋友，你都帶著那沉重的舊行李箱，裡面除了滿滿的痛苦、恐懼和折磨外，什麼也沒有。你不認為自己可以放下它，因

為你以為這是你必須隨身攜帶的「生命負擔」。當你精疲力竭地回到家時，你還把它藏在床下，且身心疲憊、壓力過大的難以入眠。

然後隔天早上，你再一次將它揹起並開始一再重複的搬運重物。有太多的恐懼和包袱要帶來帶去，而你的人生也正因此而耗盡。

其實，你可以學習如何放下恐懼包袱，而不必一直揹負著它。將它放在腳下，就可以站在它之上。提升自己到更高的境界，以恐懼為踏腳石，來獲得更好的視野。

我喜歡「觀點」（perspective）這一個英文字，因為它代表從不同的角度、不同的位置或立場看待事物，且不同的人可以完全不同的立場來看待同一件事物。當你的眼界更高時，你就可以看到整個人生的全景。

問題是沒有情緒的

當你遇到問題時，事實上這問題本身是不帶有情緒的。人有情緒，而問題就只是一個問題，完全取決於你一開始如何看待以及後續你對問題的感受，然後就是看你是否讓這個問題影響你自己。因此，如果問題的大小沒有改變，那麼它的性質也就不會有所改變。如果你很靠近地去看眼前的問題，你將看不到任何其他的東西，

因為它會阻擋你的整個視野。當你認為眼前的問題是巨大且不可克服的時候，你感覺被困住了而不知所措。

但試想，如果你學著後退一步從不同的角度來看待同一個問題，然後再去思考如何將此問題踩在腳下，會有什麼不同呢？突然之間，你原本認為無法克服的巨大障礙，就縮小變成了你的踏腳石讓你有了更高角度的視野。

想像一棟 100 層的建築。在一樓，如果你看向窗外，你只會看到地平面，對嗎？或許還能看到一條街道、一些鄰近的建築物和水泥人行小徑、以及一些人走過。你只能看到地平面的視野。

但是，如果你搭上電梯而來到位於最高一層的頂樓，則會看到完全不同的風景。你看到天空和雲朵、飛鳥，也許還能看到飛機飛過。下面的人看起來小了許多，因為你的位置更高了。你會看到一個不同且更廣闊的世界。此時，你看見的事物本身沒有改變，只是你的立場和視野改變了。

「你的視野將成為你的監獄或護照。」
——史蒂夫・弗蒂克

就算你遇到自己無法改變的所處位置或環境的情況下，你仍然可以控制自己的心態和觀點。偉大的心理學家和大屠殺倖存者 Viktor E. Frankl，注意到了這一點。他注意到那些在大屠殺的恐怖時期賦予生命意義的人，獲

得了更深遠和持久的東西。弗蘭克（Frankl）說：「當我們不再能改變一個情況時，我們的挑戰是改變自己。」

如果你忽視問題，它就會變得更嚴重

在此時，觀點是一回事，而忽視問題則是另一回事。

我想跟你們分享我的一位客戶，就叫他山姆吧。山姆是個大個子。他在特種部隊服役，看起來就像你想像中可以處理任何事情的人。他是個肌肉發達的硬漢，讓人只看一眼就會感到害怕：直到他來看我——他的牙醫。

有一天，山姆帶著嚴重的牙痛和腫脹的牙齦進入診所。我看著他說：「嗯，山姆，你這樣疼痛的狀況通常是因為慢性發炎所引起的。你的這個問題應該是持續一段時間了吧？」

山姆一下子顯得很嬌小，在椅子上不安的扭動著。「是的，嗯……我太害怕來看牙醫了。」

山姆繼續告訴我，他的妻子開始抱怨他有口臭，而不再允許他上床。他持續撐下去，堅決這些問題有一天會自動神奇地消失。

他開始喝伏特加以減輕疼痛，直到最後他對我承認，「伏特加對疼痛的減緩沒有一開始那麼有效了。」經過數週，甚至數把個月的自我嘗試去控制他的牙痛和

牙齦腫脹，山姆終於意識到疼痛的問題並沒有消失，實際上，情況正在惡化中。

他坐在牙科治療椅上看起來很脆弱。他與妻子的關係日漸惡化，加上他新養成的飲酒習慣，很快顯示出真正讓他無法解決問題的原因——並不只是表面上牙齒和牙齦的問題，而是來自內心深處的恐懼。

他對於看牙醫的恐懼是如此強烈，以至於他差點讓健康問題（他的牙齒和牙齦）、關係問題（他的妻子）和行為問題（他的酗酒）成為「正常」現象。這些問題實際上比他的恐懼還要大，而且如果他最後沒有面對問題的話，可能會使他的生活陷入每況愈下的窘境。

我稱讚他勇敢的踏出第一步來到我們的診所接受我們給他的治療。我說：「山姆，你做了一件很了不起的事。你為恢復健康與治癒問題邁出了第一步，你應該為自己鼓掌以示鼓勵。」

他看起來並沒有被我說服，也不認為自己很勇敢。

我對他說：「我想要謝謝你來看牙，因為有你的信任才能讓我為你看診並幫助你解決問題。我深信，信任需要極其大的勇氣。」

在治療期間，我竭盡所能，確保山姆感到安心，並確信我們值得信賴的整個團隊會細心的照顧他。我們詳盡的討論了他的治療方案，並著重於他的身心健康。我適時地對他進行機會教育，告訴他健康是無價的，擁有健康的身心靈才能享受幸福的人生。

整個療程進展得十分順利。我密切關注山姆在心理上的感受。我知道山姆很害怕，他因害怕而感到難為情。這是一位高大壯碩的硬漢，在我面前顯露了他的真正恐懼，我不能掉以輕心。

　　在勇敢踏出看牙的第一步後，山姆開始面對自己的恐懼，而隨著改善牙齒的疼痛和腫脹的牙齦，他也同時展開了一場為期數個月的由內而外的「變身之旅」。他開始關注自己的微笑，並向我們預約了洗牙和牙齒美白療程，同時也會定期回診。他的笑容變得健康燦爛！

　　在山姆接受首次治療的幾週後，我們收到了一張卡片，不是來自他，而是來自他的妻子。他的妻子寫道：

　　致凱瑟琳醫師和你的團隊成員。我非常感謝你和你的團隊悉心照顧我的丈夫。我不知道我的丈夫能夠有這麼迷人的笑容、帥氣十足！謝謝你對他如此細心的照顧。

　　有些人可能認為是牙齒美容重新打造了微笑曲線，但其實並不僅止於此。你可以透過 S.T.E.P.「『站』勝恐懼」模式來真正改變一個人的心裡、心靈和心態。請記住，問題本身並不會自行改變。問題就只是個問題。是人去改變問題。有正確的態度和正確的治療才會走向成功。

　　這就是為什麼我會設計這一套創新的 S.T.E.P.「『站』勝恐懼」模式來提供人們適當的治療方法，以解決使他們苦惱的問題。問題的大小其實都無關緊要，

重點在於你不需要被它壓倒，而且你可以有能力站在問題之上，戰勝它！

你可以利用它來變成自己的優勢並建立良好的基礎。是的，善用恐懼爲基礎，讓你站得更高。在這過程所踏出的每一步，都設計於穩健且小心地將你一步步帶到更高的地方，直到你達到雲層之上，並低下頭看清你以往的恐懼和行爲。

每一個精心設計的階段和步驟，都是各自獨立且穩定的平台，讓你可以在穩固的「大本營」內休息和反思，直到準備好自己進行下一步。

使用 S.T.E.P.「『站』勝恐懼」模式的好處是，你可以：

• 按照自己的步調邁出每一步，而沒有滑倒的風險。使用循序漸進的過程，而非一步登頂、越級挑戰。

• 每當你想要喘口氣或觀看不斷變化的視野時，你可以隨時在每一步中稍作休息。你可以回頭看自己的進展、爲自己充電後再出發、並以自己的成就不斷激勵和鼓勵自己，直到你準備好再往上邁出一步。

• 在攀登時感到安全。每個階段、每個步驟的平台都是既寬又廣，爲你提供額外安全感和保障。

• 花些時間進行自我反思，並與你身邊的人溝通、交流，讓自己知道當你需要同伴、傾聽者或援助之手時，你有一整個團隊夥伴、志同道合的人在你身邊附近可以支援你。

- 掌控所面臨的不確定性。你無需感到畏縮、不知所措或精疲力盡。你可以感覺到自己的生活在掌控中，並在整個過程的各個階段、步驟都感到愉快。

- 享受這段旅程。你不必一口氣直衝頂點或到達目的地。你更不用以孤單的勝利者姿態，獨自一人跑完比賽，或是單獨向上攀到頂點。

我的 S.T.E.P.「『站』勝恐懼」模式適用於**個人、團體、社群和全球領域**。你可以將其用在你的個人生活與職場領域中、跟家人的相處、和同儕學習或與同事共事。它是建立於富足而非缺乏的心態上。

它的架構建立於一個良好的團隊，鼓舞你為「**『站』勝恐懼**」而前進，為你的成長歡呼，為你的成功喝采。

S.T.E.P.「『站』勝恐懼」模式有四個關鍵性的階段：

> **設定心態**（Setting of the Mind）
> **善用工具**（Tools）
> **享受生活**（Enjoyment）
> **達到目的**（Purpose）

這些階段是依序相連的，在每一個階段中的步驟都必須執行完成，再依序進入下一個階段，才能真正的**戰勝恐懼**！

　　你可以用自己的節奏來進行 S.T.E.P.「『站』勝恐懼」模式中的每一個階段。當你在任何時候需要休息片刻、暫停一下、甚至重來一回都可以。 例如有時候，你在第一階段的「**設定心態**」上，發現了自己需要調整心態、提升動力，或是再重新來過。也或許你在第二階段的「**善用工具**」上，需要花多一點時間來探索不同的資源及學習新的技能。 總之，若要使用 S.T.E.P.「『站』勝恐懼」模式來徹底的「**『站』勝恐懼**」，你必須依序經歷過每一個階段而且不遺漏任何一個步驟，才不會讓沒有完全解決的恐懼、問題再度回來困擾你，甚至帶來更多的併發症及痛苦。

「要相信信實的廣大而不用懼怕。」
——楊毓瑩（凱瑟琳）牙醫師

第一階段

設定心態

　　每件事情都從我們的心態開始。老子、瑪格麗特·柴契爾、聖雄甘地以及許多偉大的人，都說過類似的話：你的想法會化爲你的言詞、你的言詞會化爲你的行動、你的行動會化爲你的習慣、你的習慣會塑造你的性格、而你的性格則決定了你的命運。

　　設定心態是信仰與思想的集合，會改變你的思想與態度。心態的設定會影響一個人的情緒與觀念，並會影響其所做的決定及對事件與周遭事物的反應。

　　想像一下，你要去爬聖母峰，你會在沒有安排大本營及做出充分準備的情況下，就貿然上山嗎？當然不會！那是自取滅亡。只有在做好堅實準備、計畫與支援的情況下，你才能攀上頂峰。

　　當艾德蒙·希拉里登上聖母峰的頂峰時，他並非是獨自一人。一位當地的雪巴人，丹增諾蓋，在整個艱困的行程中，擔任他的嚮導並成爲他的朋友。若沒有丹增的經驗與當地的知識，誰知道希拉里是否能名留至今。沒有大本營，你就沒有所需要的計畫與支援。那就是爲什麼我的模式首先要以這點爲基礎，因爲沒有它，你就無法建立任何可持久的事物。

　　S.T.E.P.「『站』勝恐懼」模式中的第一階段「**設定心態**」是最重要的，因爲它可以建立堅強的基礎，讓你從這個堅實的地基上一步步建構，而非建構於流沙上，

才能再進一步發展。循序進行第一階段的每一個步驟是非常重要的。你必須先察覺問題的存在和承認自己需要協助，才有可能接受所遇到的情況並且願意尋求幫忙。

要達到成功，你必須讓自己進入正確的心理狀態。如果你不在正確的心理狀態中，你很輕易地就會繞路而行、分心或是浪費時間。你實際上會感到更具挑戰性、不知所措以及受挫，因為你讓你的思緒在你身上肆意而行，而非由你主宰控制。

「設定心態」的步驟 ABC

S.T.E.P.「『站』勝恐懼」模式的第一階段「**設定心態**」中有三個步驟：步驟 A、步驟 B 與步驟 C。

> 「你的心理狀態決定一切」
> ——李小龍

步驟 A = 察覺、承認、接受、詢問

就如同我在此章節的一開始所說，如果你想要站在任何恐懼之上，你需要知道你所面對的是什麼樣的恐懼，而且願意並想知道要如何才能站在其上。唯有當你**察覺、承認**並**接受**恐懼的存在，你才能將恐懼視為需要解決的問題或挑戰。而且，只有當你**承認**並**接受**有需要解決它的必要性，你才會願意去**詢問**他人、尋求幫助。

你有看出其中的循環嗎？如果沒有經由**察覺**及**承認**問題的存在並且**接受**需要去**尋求**解決問題的方法而進行這個重要的步驟 A，將無法進行下一個步驟。

如同我之前以山姆為例的故事，當你持續拖延或延遲處理牙齒問題時，所牽涉的敏感、不舒適以及疼痛，只會越來越嚴重——如果患者繼續任憑問題惡化而不去**詢求**專業合格的牙醫加以處理，在實際的情況中，甚至可能會因為細菌感染而造成了蜂窩性組織炎。這樣的感染如果侵襲身體的重要器官，甚至會有致命的危險。

因此，像山姆當時想要逃避牙齒問題、借酒消愁的方式，會讓原本可以簡單處理的牙痛，發展的更加嚴重。所以我們不能忽視問題的存在，也不能只處理表面的症狀——最好的方法是治療造成問題的根本原因。

工作上、學業上以及生活中的其他問題也是如此。你可能會認為某些議題太小而不會造成太大的問題。但試想一下，每天有習慣抽一、兩根菸的吸菸者，會維持一天只抽一根或兩根菸嗎？事實並非如此！為什麼呢？除了尼古丁是會讓人上癮的物質外，也因為小動作的持續最終會形成難以戒掉的習慣。

又如同飲食的習慣會對身體健康有所影響。如果每天都吃口味重又油膩的食物，長年累月，會對身體器官造成負荷、提高心血管疾病的罹患率、嚴重影響身體的健康。

恐懼也有相同的樣式。最初的小恐懼，如果不及時適當的處理，很可能會演變成巨大的恐懼症。

知道問題的存在並願意處理它，是非常重要的。將問題剔除並加以了結，是一種很棒的感覺。**察覺**讓你**承認**及**意識**到自己想要解決問題，因為你不想讓它繼續的控制或影響你。這樣的**認知**會引導你去**接受**現狀並**詢問**他人以及**尋求**協助。

步驟 B = 歸屬、相信、建立關係

當你完成了步驟 A，你就會開始進入步驟 B。你會開始看到有許多樂於幫助你的人，而你其實並不孤單。

有首音樂創作中最受歡迎的歌曲之一，叫做《你不會永遠獨行》，它成了許多足球隊與其他運動俱樂部的頌歌。事實上，自從它首次於 1945 年，在羅傑斯與漢默斯坦的電影《旋轉木馬》出現後，世界上一些極為有名的歌手，都曾翻唱過這首歌，像是法蘭克．辛納屈、羅伊．奧比森、艾維斯．普里斯萊、強尼．凱許，此歌曲還在繼續被翻唱中。

可是為什麼它如此受歡迎呢？我相信那是因為歌詞說中了每個人的內心深處。它將我們彼此**連結**並讓我們覺得團結，而非孤軍作戰。就像我之前所說，我們生來就是**互相連結**並且是有**歸屬**的。我們想要知道我們並不孤單。

知道你並不孤單是至關重要的，因為這能讓你願意向外求援並悅納內心深處的**歸屬感**——它幫助你有安全感而且深深地相信有關心你的人，在背後支持你。這樣

的歸屬感有助於**關係的建立**以及人與人之間正面積極的
相互連結。

　　如果你想要站在自己的恐懼之上，你必須要**相信**你
做得到。要知道自己不是唯一一個經歷這樣的恐懼或當
前的問題的人。實際上有許多人都早就經歷過或正在經
歷類似的情況，甚至也將面臨相同的問題與挑戰。

　　　「就如同你看不到空氣，
　　　但這並不影響你呼吸。
　　　就像是你看不到上帝，
　　　但這並不停止你信仰上帝。

　　　不是為過去而是針對未來，
　　　不是針對失敗而是為我們的夢想，
　　　不是為不完美而是針對可能性。

　　　哈利路亞
　　　向主禱告　阿門」
　　　──楊毓瑩（凱瑟琳）牙醫師

　　相信是一種很強大的力量。**建立關係**也一樣強而有
力。

　　當你發現自己與某人或某個團體互有**連結**，會有很
棒的感覺，就像是有人跟你說一樣的語言；就好像他們

與你坐在同一艘船上，前往同一個目標。這是一種不可思議地令人振奮的力量：**連結力**。

連結這個詞在牙科上也是很有力量的。我們也將此詞用於指牙科黏結劑。當我們補牙時，在將那美麗漂亮的潔白填充物置入牙洞前，我們先去除腐蝕與髒東西、清潔蛀牙並在補牙處做好充分準備。我們會塗抹黏結劑。那是要做什麼？是其化學作用所形成強烈結合，將新的東西固定在位。此位置曾經有個空洞，而現在又變成完整了。真實生活中的**建立關係**也是一樣的道理。連結在任何情況下，形成「黏著力」。

為你自己與他人間，建立一道**信任之橋**是很必要的，能幫助你獲得自信並且開始你的人生旅程。

積極人物與毒性人物的比較

建立關係與**歸屬**，並不代表你要與任何人或團體黏在一起。擁有正向積極的**連結**以及**歸屬感**是很重要的。另外，將自己與毒害你或對你有負面消極影響的人物隔離， 更是重要。必須讓自己遠離那些無法為你增添價值，反而一直給你出難題的人。

積極的人會幫助你，為每個問題找出至少一個解決方案，而消極的人永遠只會在每一個問題上，帶來至少另一個問題。

你沒有必要讓自己與那些讓你覺得沮喪、使你意志消沉或擊倒你的人有所聯繫。不要跟那些以毒性思想或負面思考，填滿你的日子或生活的人到處晃盪。你的人

生太珍貴了。無論世界上發生什麼事，最珍貴而且無法取代的資產就是時間。

找出可信任且珍惜與看重你的人，而非貶低你或讓你覺得精疲力盡與沮喪的人。你沒有時間可以浪費。找到**歸屬感**以及**建立**讓你有安全感的**關係**是很重要的，美麗的人生從建立美好的連結開始。

依據哈佛商學院的研究員麥可・豪斯曼與狄倫・邁納在 2015 年對超過 50,000 名員工所做的研究顯示[18]，「毒性員工」是造成許多員工離職的原因。他們不但嚴重惡化了工作的環境，形成了許多傷害，更加添了公司昂貴的訓練成本。

豪斯曼博士還發現，毒性行為也會變成有傳染力，其他人會漸漸開始有了相同的毒性。這形成了組織中的消極文化，並對商業與其他人的健康，有非常不好的影響。

在許多情況下，老闆或公司擁有者甚至不知道微小毒性文化開始發展所帶來的衝擊。有時候，這種文化是不會被注意到的，因為老闆可能只注意營業數字或事業運作的其他參數。你可能也會遇到效率高的職場人，但他們也同時具有毒性。密切關注毒性文化、態度與人員是很重要的，唯有如此，你才能擺脫他們。

---

18 Housman, Michael, and Dylan Minor。「毒性員工」。哈佛商學院研究手稿 No. 16-057，2015 年 10 月。
http://nrs.harvard.edu/urn-3:HUL.InstRepos:23481825

反過來說，密西根大學羅斯商學院的權威專家，金·卡梅隆教授，深知人們樂觀進取的力量。他的研究[19]與書籍都指出工作場所（以及其他環境）中之積極與高尚道德文化的重要性。他與全球各地的企業家們進行對話時，談論到正向的領導力會直接增強生產力、增加財務收益、提升員工滿意度、以及員工留存率與創造企業道德文化的高標準。

　　類似的心理研究報告[20]也發現，個人的良善行為及對他人常懷感恩的心，能增加對他人的包容性與更容易融入群體。

　　沒錯！感謝與良善真的可以積極地影響人們，而且是我們所有人都可使用的天然療法。

　　因此，要與那些支持你並給予你**歸屬感**的人們建立關係。避免與任何的毒性人物連結，防止他們讓你沮喪或情緒低落。

---

[19] Cameron, K., Mora, C., Leutscher, T., & Calarco, M.（2011）。積極實務對組織效能的影響。應用行為科學雜誌。
https://doi.org/10.1177/0021886310395514

[20] Seligman, M. E. P., Steen, T. A., Park, N., & Peterson, C.（2005）。積極心理學進展：干預的實證驗證。美國心理學家期刊。
https://doi.org/10.1037/0003-066X.60.5.410

「你應該和那些會鼓勵你做得更好
希望看到你成功
可以讓你有所提升的人在一起」
——歐普拉·溫芙蕾

步驟 C = 稱讚、信心、勇氣

　　如果你想要有一個充實的人生，你就必須學習如何適度的稱讚自己，才能在每一個階段有所成長。如同勵志演說家，賽門‧西奈克，所說：「爲我們不在意的事情努力是壓力，而爲我們所愛的事情努力則是熱情。」

　　允許自己接受讚賞。要**稱讚**自己的勇敢與勇氣——跨出了第一步！因爲第一步總是最難的。研究報告[21]顯示收到讚美能改善且提升我們執行任務的能力，因爲大腦的「獎勵機制」能激發快樂的感覺。每當我們獲得成功、受到獎賞的時候，大腦就會分泌大量的多巴胺（Dopamine），加深快樂的印象，加添我們的**信心**，持續向前邁進的動力。 所以我們在「『站』勝恐懼」的旅程上，也要感謝他人的幫助和對自我的鼓勵。

　　我們可以使用諸如下列的字句來稱讚：
　　非常好
　　做得好
　　我爲你感到驕傲
　　你表現得很棒
　　你正朝向目標邁進
　　繼續加油

---

[21] Sugawara SK, Tanaka S, Okazaki S, Watanabe K, Sadato N (2012) 社交獎勵增強了運動技能的離線提升。公共科學圖書館期刊 7(11): e48174. https://doi.org/10.1371/journal.pone.0048174

一旦你跨出了第一步，就能獲得更多的**信心**，將恐懼打包放到腳底下、踩在其上，讓它成為你的墊腳石。當原本看似阻礙的石頭，變成了墊腳石，讓你站上它——用新的高度來審視你周邊的人事物時，你將會發現有許多你以前未察覺的絕佳機會、良好的資源與工具供你使用。

為什麼在「『站』勝恐懼」之前沒有察覺可以使用的工具、資源、機會呢？因為當你被恐懼壓制、困住的時候，你的視野會變得狹隘，使你無法看清楚，甚至看不見你周遭那些真正能幫助你的人、事、物。

所以要給自己鼓勵，稱讚自己勇敢的跨出第一步！當你稱讚自己並拍拍自己的背，說「做得好！」，你對自己採取行動的能力，就更有**信心**，也會更有準備地來進行每一個階段、完成每一個步驟，最終真正的「『站』勝恐懼」。

勇氣並不是沒有恐懼，而是儘管恐懼存在，仍繼續前進。**勇氣**存在於嘗試與追求目標與夢想的努力中，要勇敢且有膽量。在著名的羅斯福語錄《Man In The Arena》中，談到了**勇氣**。西奧多・羅斯福說[22]：

榮譽不屬於批評的人，也不屬於那些指責落難勇士，或挑剔別人哪裡該做的更好的人。榮譽屬於真正在競技場上拼搏的人，縱使臉上沾滿塵土、汗水和血仍然

---

22 西奧多・羅斯福（Theodore Roosevelt）「民主國家的公民權利」
（1910 年 4 月 23 日於巴黎索邦所做的演說）

英勇奮戰的人。他有時會犯錯，甚至一錯再錯，畢竟錯誤與缺失在所難免。但他知道要奮戰不懈，滿腔熱血，全力以赴，投身崇高志業。他們最好的結果是功成名就，即使不幸落敗，至少他放膽去做了。他們的定位，絕非那些冷漠懦弱、不知勝利與失敗為何物的人所能相提並論。

「**設定心態**」讓自己勇於去嘗試、去努力、去全心全意地發揮自己。俗話說：「好的開始，是成功的一半」。藉由稱讚自己取得信心進而勇敢無懼，是值得慶祝的！。記得每次當你贏得任何一個小小的勝利時，都要自我慶祝一下。要記得人類的一大步開始於個人的一小步。就讓我們在每一次「『站』勝恐懼」的時候都歡呼喝采！

好好使用 S.T.E.P.「『站』勝恐懼」模式來珍惜生命、享受人生，因為你值得。

第二階段

善用工具

　　一旦你以堅強與積極的心態設定踏在堅實的路面上，你的視野也會隨之展開，因為你會從較高的角度俯瞰，以一個不同於過去的自己來看待事情（跳脫框架、不再受限於捆綁你的「舒適圈」或「妥協區」）。當你不再憂慮與困惑時，取而代之的是興奮與積極。你也能開始注意到周遭的**工具**、**資源**與**機會**。打包恐懼成為你的墊腳石，幫助你拓寬視野，讓你看到可以使用的一切。

　　常言道，「你不會知道你所不知道的」，因此，如果你不知道自己在尋找什麼，你就無法發現你所需要或想要的。這讓許多人決定將就，因為他們過於害怕而不敢踏出個人的「舒適圈」，去探索世界的美好並發掘自我的價值。「舒適圈」其實被我標示為「妥協區」，因為它會限制你的想像力、蓄意破壞你的夢想、讓你對信念產生懷疑、限制你的進步與成長並且浪費你的生命。

　　那麼，為什麼需要等到正確的「**設定心態**」後，我們才看得到有用的**工具**、有幫助的**資源**、或是新的**機會**？

　　那是因為當我們有壓力或覺得受限時，我們的視野會變得狹窄。狹窄的視野限制了我們能看見的人事物。就生理上而言，當身體在極度恐慌、壓力或氣憤下，會產生大量的腎上腺素，引發暫時的視野狹隘。另外，酒

精與毒品也會導致周邊視力的下降、甚至有喪失視力的危險。視覺的喪失會造成生活中的障礙、迷失方向感、意識模糊、甚至精神錯亂，引發生理、心理與精神上更多的恐懼。

在受到威脅的狀況下，交感神經系統會被啟動，身體本能的戰鬥或逃跑反應，可能會導致目光的集中。 這會讓人看不見小焦點以外的其他威脅。正因如此，在有些警察與輔助醫護人員的高層培訓中，會特別訓練組員，教導他們如何降低視野狹隘，確保安全。冷靜的態度與深呼吸，也能降低「壓力賀爾蒙」的分泌與改善狹隘視野的範圍。

視野狹隘的模擬體驗

1. 將你的雙手舉到前額的兩側（太陽穴上方的位置）。
2. 注意觀察你的視線被遮蔽了多少？
3. 試想即使是在家裡或熟悉的工作地方，如果視力下降、視野喪失也會導致方向感的遺失、增加擔心、產生懷疑或者失去信心， 甚至感覺被困在黑暗深淵之中。

善用工具的種類——有用與實用

工具、資源與機會是給做好準備且隨時要使用的人。在你設定好心態並有了對未來的視野後，你將能看到許多可用的工具。

英文中有兩個字，讓我覺得很有趣：一個是**實用**（useful），另一個是**有用**（helpful）。當我在學英文時，這兩個字的定義總是讓我感到很困惑。我常在想，實用與有用這兩者間的區別是什麼。

經過幾年的沉思後，我開始了解——如果某個產品或是某項服務，用完即丟，這樣一次性使用的可棄置產品或服務只能視為實用而非有用。實用性雖有其價值，但無法創造持續性的影響。

然而，有用的產品或服務項目，則可以一再使用，保持永續性的價值。

這種情況也會發生於企業中。例如，在醫療的行業裡，雖然急救所需很實用，但是長期悉心的照顧，對保持身體健康才真的有用。同樣的道理，一個「實用的」牙醫師，能為患者緊急處理牙齒的問題；但是一個值得患者信賴並贏得患者信任的「有用的」牙醫師，才能真正的協助患者一輩子保持健康美麗的笑容。

工具也分為「實用」或是「有用」——有些工具僅適合短期的需要；有些工具則可以長期的使用。

實用的工具通常是短時間、快速修補並為單次使用的便利選擇。它通常是可拋棄並且無特徵的，在正常情況下無法建立或贏得忠誠。

有用的工具通常是長期、有附加價值並為來自良好經驗或口碑的信任選擇。它通常是無法取代、獨特且特別的，並且時常用於尋求建議與被看重與感激的。在正常情況下是可建立或贏得忠誠。

在處理恐懼時，實用的工具可能是暫時方便好用，但是就長遠而言，可能不是最佳的策略。例如，我曾經認識一位受焦慮症之苦的女士，她因為害怕生意失敗而晚上無法入睡。她去看了醫生並討論自己的問題，醫生開了安眠藥幫助舒緩她的焦慮，讓她一夜好眠。

雖然一開始的前兩周她覺得情況有好轉，但是她主要的問題（恐懼生意失敗）並沒有得到處理，所以這個短暫「實用」的藥物其實長期而言對她並沒有幫助，反而會造成過分的藥物依賴。

實用的事物通常適用的週期較短，而有用的事物則有一生的價值。

試想一下，如果這位女士能找到了一位非常好的職場導師，幫助她事業的成功，她就可以停止焦慮、放心入眠。一個好的人生導師更可以傳授經驗、知識以及人生的智慧。所以說，「實用」與「有用」，這兩者是截然不同的。因此在使用 S.T.E.P.「『站』勝恐懼」模式進入第二階段「**善用工具**」的時候，應該先了解要尋找及使用什麼樣的工具才是最有幫助的。

耐心是一種美德，當你願意花時間去設定好自己積極、勤奮的心態做為基礎時，正確的使用工具可以加速你成長的機會。有用又有益的工具包括了下列的人事物：

- 閱讀的書籍
- 參與的課程

- 老師或是導師（俗話說：當學生做好準備時，老師就會出現！）
- 優秀的團隊（好的團隊工作能讓夢想成真！）
- 線上協助——數位、應用程式、設備
- 能讓人成長的新機會

「善用工具」的使用三要素

　　S.T.E.P.「『站』勝恐懼」模式的第二階段「善用工具」中有三個使用要素：**時機、信任與訓練**。

　　利用好的**時機**去辨識你能**信任**與需要使用的**工具**來**訓練**自己，讓自己有所進步並且持續朝向一個更好及更健康的生活前進。

時機就是一切

　　在 S.T.E.P.「『站』勝恐懼」模式第二階段「善用工具」中的第一個使用要素——**時機**。我們在生活中能學到許多事情，但是我們無法在同一時間學好每一件事。生活中的學習與否，關乎於你做出決定的時刻。當機會來臨時，經由辨識潛在的**資源**與學習使用有效的**工具**來達到**目標**，一個**及時**的決定，可以翻轉生命、改變人生。

　　舉例而言，我從 12 歲起就夢想成為牙醫，因為我相信：微笑是人們共同的語言，所以我想要讓成千上萬美麗健康的笑容，綻放在這個世界上。當時那個看似遙不可及的偉大抱負，卻因為來到了澳洲，把握住求學的好

時機，加上有當地的良師益友，讓我如願成為一位快樂的牙醫師。

> 「微笑是每個人共通的語言」
> ——喬治·卡林

創業維艱的實例分享

我們在 2013 年創立了一間小型的家庭牙醫診所（Chats Dental），當時只有一位牙醫（我自己）、一位牙醫助理（從接聽電話、門診預約、臨床協助到一般行政的全方位助理），及一位經理（外子，負責記帳與帳單支付）。由於診所位處於一個醫療服務業高度集中、競爭激烈的雪梨大都會區內，我們一星期營業六天，每天的營業時間都超時而且幾乎沒有任何休息時間。儘管我們無休止盡地努力工作，每天處於精疲力盡的邊緣，也只能勉強達成收支平衡。

當時我們有機會可以招聘新的員工，我卻害怕我們無法負荷額外員工的費用。當時我們有機會可以嘗試更多元化的治療項目，我卻認為我們沒有能力去投資高科技的設備。

我的恐懼在當時阻礙了我做出至關重要的決定，所以許多好機會來了又走，我那「造福人群、貢獻社會」的偉大夢想也因此漂泊無定。當時的我非常害怕會失去我的工作、事業、以及夢想。

在 2017 年 7 月，我帶著破釜沉舟的心情，參加了一場有關企業管理培訓課程的大型活動，期盼能挽救我苟延殘喘的事業。但是對一個毫無商科背景的我而言，那些商業行話，我完全無法理解。感謝上帝讓我在那一次的活動中認識了保羅・鄧恩（Paul Dunn）先生，他是社會企業與全球給予倡議活動 B1G1（買一捐一）的創辦人之一。他與創辦人佐藤昌美一起將傳遞給予的活動帶入每天例行的商業運作中，創造微笑使世界更加美好。讓任何一個小型企業也可以藉著自己的例行事業為這個世界產生重大的影響。

鄧恩先生是一位很棒的演說家，我對他的演講總是感觸良多、頗有共鳴。然而在那一次的活動中，當他在台上演說時，告訴大家他有一顆鑲了牙冠的牙齒，在前一天的晚餐時變得鬆動——隨時有可能在演講的過程中從嘴巴裡飛出來！他還開玩笑的說，請坐在講台附近的觀眾，如果撿到飛出來的假牙，一定要還給他，好讓他回去找牙醫幫忙。

當時的我已經行醫 20 多年，可以感覺到這一個突發狀況，實際上讓鄧恩先生很擔心。從稍早的企業註冊名單中，我知道自己是當晚數百位觀眾中唯一的牙醫，而且當晚正逢週末，在雪梨幾乎是不可能找到還在看診的有經驗的牙醫。

在那個時候，我的內心糾結著下列的恐懼：

- 不認識我的恐懼（誰會相信我這個無名小卒？）
- 感覺渺小的恐懼（我真的能幫忙嗎？）

- 被拒絕的恐懼

也就在那個時候，我知道自己必須「『站』勝恐懼」才能真正的幫助人！因此我從 S.T.E.P.「『站』勝恐懼」模式的第一階段「**設定心態**」開始：

- 我有專業的知識
- 我要幫助需要幫助的人
- 我要創造影響，讓世界更美好

接著，我進入 S.T.E.P.「『站』勝恐懼」模式的第二階段「**善用工具**」：把握**時機**趕緊打電話給診所唯一的牙醫助理——孫婷，請她準備好照護我們的貴賓。隨後我鼓起了勇氣，在鄧恩先生演講結束後走向他。先介紹自己的專業，再請問他，是否能有這個榮幸幫助他緊急處理牙齒的問題。鄧恩先生一開始很驚訝，但是欣然地接受了我的提議。

我跟**訓練**有素的孫婷不只順利地完成了工作，**及時**的幫助了願意**相信**我們的鄧恩先生；我們也因為他的不吝賜教，學到了很多關於「永續經營事業」的觀念和方法。至今，Chats Dental 繼續蓬勃發展，從當初只有一位牙醫與一位牙助的小診所，到現在我們一共有四位牙醫與八位團隊成員，在工作崗位上齊心致力於帶給世界各地充滿微笑的影響力。

信任

　　信任是一個動詞，它的意思是「去相信」。透過相信，讓**信任**活躍。

　　在 S.T.E.P.「『站』勝恐懼」模式第一階段「**設定心態**」的步驟 B 中，我有談到與他人**建立關係**，可以讓你有**歸屬**感。與相信你還有那些幫助你相信自己的人們**建立關係**，不僅能帶給你信心與勇氣，站在你的恐懼之上，也因此加強人與人之間的聯繫，奠立**歸屬感**。

　　信任之橋是需要雙向築起——誠實的反饋、虛心的省思、即時的改進以及勇敢地付諸行動，才能真正的建立**信任**與愛強烈連結，因為在愛裡沒有懼怕。

　　「愛裡沒有懼怕」
　　——約翰一書 4:18，聖經（新約）

建立「信任之橋」實例分享

我的兒子伊森從小就很喜歡玩樂高。在他六歲的時候，已經會花上好幾個小時，用自己的想像力，創造作品。可是長時間在房間裡專注於小小的積木上，讓外祖父母擔心室內採光不良會對他的眼睛有影響；我和外子也因為擔心他睡眠不足，常常需要提醒他上床睡覺的時間。

　　有一天晚上，我又發現他遲遲沒有上床睡覺，在房間裡的微弱燈光下，還在玩樂高積木。我對於他不遵守承諾的行為感到生氣，所以我跟他說：「伊森，你破壞了我對你的信任。」他淚流滿面跟我說：「媽咪，我很

抱歉，我真的好愛你。我該怎麼做，才能讓你覺得好一些？」

我跟他說：「你是我的兒子，我當然會永遠愛你。但是我們仍然需要建立起彼此間的**信任之橋**。」

我進一步解釋，搭起一道良好且堅固的橋，需要細心的選擇正確的材料與工具，而且雙方必須從兩端起步、同時努力在橋的中心會合碰面，這座橋梁才會結實與穩定。喜歡樂高創作的他了解這個建立橋梁的比喻，因為他知道構造不良的橋梁，隨時都會倒塌。

要建立**信任之橋**，需要細心、準備與專注；它也需要精準的**訓練**、恰當的**時機**、與堅定地**信念**才能搭建起來。如果只有單純喜歡築橋的想法是不夠的。沒有信心的承諾與行動的毅力，**信任之橋**是無法建立起來而且也不能持久。

這就像玩樂高積木一樣，僅僅藉由喜愛樂高及想玩樂高的念頭，卻沒有堅信可以達成意念的實際行動，創意將無法變成創新。

在我們聊過之後，伊森揉了揉他疲憊的雙眼、點點頭、爬進他的床上。那是我和我兒子之間建立「**信任之橋**」的開始。

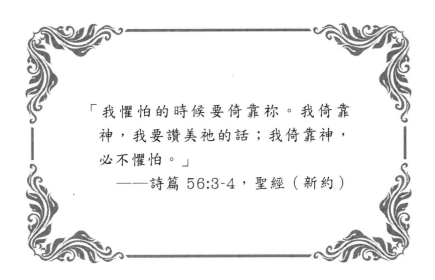

「我懼怕的時候要倚靠祢。我倚靠
　神，我要讚美祂的話；我倚靠神，
　必不懼怕。」
　　　　——詩篇 56:3-4，聖經（新約）

訓練

在 S.T.E.P.「『站』勝恐懼」模式第二階段「**善用工具**」中的第三個使用要素是**訓練**。

訓練需要學習、貢獻與毅力。硬性技能可以被教導而軟性技能則可以被培養。這兩者都是可被訓練與維持的，重要的是訓練要全面、有系統、實際且有意義。

要精通硬性技能與軟性技能兩者，就必須要有學習的渴望與成長的意願。訓練有素和掌握新技能的最佳起步點，就是先要有學習的渴望。學習動機低落無法產生持續的好結果。強烈的渴望能強化你對於精通技能的初衷，並加添你在訓練過程中的動力。

就如同嬰孩學爬、學站立、學走路的過程——從觀察身邊的人和探索周遭的環境，發展出對學習走路、跑步的強烈渴望，經過嘗試及反覆訓練，學會新的技能。

又如同蠟燭的燃燒現象——不管燭焰呈現出來的顏色、溫度、與氣味，會因為其物理特性的不同而呈現變化多端的發光、放熱化學反應，所有燃燒的持續都需要有氧氣來維持。

對學習與成長的渴望，就是我們的氧氣，能讓火焰持續燃燒。對成長的嚮往與熱忱，能將你的投入提升到更高的層面，換句話說，也就是貢獻。貢獻是關於你對執行你所承諾並同意要完成任務的熱情。

常言道：工欲善其事，必先利其器。專業的鋼琴家或技巧絕佳的木匠，如果沒有好的工具與訓練，他們就無法成為專家。在訓練團隊的硬性技能時，應該要提供

專業的工具、使用系統、與標準作業程序來鞏固學習的效果。系統性的訓練，並不是要將團隊變成機器人，而是經由所提供的專業訓練、善用工具與資源，幫助他們從接待、應對、詢問到解決衝突都有標準作業程序，所以他們不用擔心什麼該說或什麼不該說，因而減少工作壓力和減輕工作負擔。有效率的訓練提供極具價值的工作指引，能幫助團隊在工作上更有信心、有更好的成果。

在培養團隊的軟性技能時，我們應當傾聽與關心。每個人與生俱有的獨一性與特殊性，都可以藉著學習的渴望，來激發我們的潛能。堅強的毅力、不動搖的信念與持續性的努力，能幫助我們持續在工作上的熱情與堅持培訓——不畏艱難、延遲當下滿足、不會輕言放棄，為要達成長期的目標並有持續性的最佳結果。

「力量與成長只會來自持繼的努力與奮鬥。」

——拿破崙・希爾

第三階段

享受生活

　　隨著你持續 S.T.E.P.「『站』勝恐懼」模式進入了**第三階段「享受生活」**時，你將會開始覺得自己沒有那麼恐懼了（恐懼變少了 fear-less），並且對自己的感覺變好、開始或更加的喜歡自己。你能夠享受生活，因爲你克服了自己的恐懼，看到好的結果，值得盡情地歡呼喝采！

　　懂得運用 S.T.E.P.「『站』勝恐懼」模式，不僅能讓自己從面對恐懼而不知所措的窘況或者是與恐懼戰鬥而精疲力盡的情況中得到釋放，更能獲得提升自我價值與夢想成眞的快樂。最快樂的感覺不在於汲汲營營地追求快樂而是在追尋快樂的過程中享受學習，獲得成長。

「享受生活」的三要點

　　S.T.E.P.「『站』勝恐懼」模式的第三階段「**享受生活**」 中有三個要點：**重視、體驗**與**賦權**。

　　重視什麼是眞正重要的，是享受人生眞正快樂的首要重點。記得我小時候，曾經以爲要看到父母開心的樣子，才是我快樂的時候。其實不然，眞正的快樂是當你周遭有人能與你一同快樂，而非僅是你一個人覺得快樂；也不僅僅是在他人爲了看到你快樂的樣子才替你開心的時候。

　　因爲世代務農的背景，我的爸爸在貧困的環境中長大，儘管如此他並沒有感到恐懼，也沒有讓貧窮成爲阻

礙，反而在逆境中力爭上游，是他的兄弟姊妹中唯一有上學的孩子，還成爲家族中的第一個大學畢業生。

在 19 歲的時候，我的父母離開他們成長的小村莊，從最南端的屏東縣搬到台灣北部的首善之都——台北。一路從西海岸向北行進超過 380 公里，我的父母想要開始生命中新的一頁，並想要有能力提供他們共組的新家庭，給孩子更好的教育、更多的機會與更棒的生活。我在成長的過程中擁有許多，且從不需要協助任何的家事。我的父母只想要我和弟弟，專心於課業上。對他們而言，教育是擺脫貧困枷鎖的一把鑰匙。

即使當時的經濟很蕭條，我們衣食充足，我的父母從未讓我與弟弟感到窮困。我們從來沒有在同一棟公寓居住超過五年，每隔幾年就會搬一次家。爸爸和媽媽很努力工作，所以我們終於在台北市，擁有了屬於自己的家。

爸爸總是喜歡跟我們分享他的童年故事，並提醒我們持續追求自己的夢想且永不放棄，是多麼重要的事。我喜歡看到他對自己的成就感到驕傲時，臉上所呈現的微笑，而我將其延續，想像著當他也對我的成就感到驕傲時，我會有多開心。

所以當我在台上領獎時，看到爸媽在觀眾席中的笑容，我會覺得特別開心。可是當我在學校考試沒有得到好成績時，儘管父母從未給我課業上的任何壓力，我會因爲自己想像出讓父母失望的表情而感覺糟糕，甚至產生罪惡感。年少時的我，過於專注他人對我的想法或看

法，而失去了自我的主見，不確定什麼是人生中最重要的，所以很不容易快樂。

到 1991 年時，我的父母賣掉他們努力工作一生而賺取的一切，排除萬難，來到澳洲。語言的障礙與文化的差異，影響了我們新生活的每一個層面，一點也不容易適應。雖然挑戰很大，我們對於建立自己的新澳洲夢仍然感到非常興奮，辛苦的父母選擇了專注於對他們最看重的事——我們的未來與快樂。

重視

人生中需要看重的是什麼？就是你自己！我並不是指要自私自利或去忽略在你周遭的人。相反地，我是要提醒你要回應並珍惜那些真心希望你快樂的人，因為他們願意與你共享快樂、一同歡欣鼓舞。

不要因為你遇到的悲慘情況去責怪他人，更不要埋怨你的負擔。我認為「責怪」一點幫助也沒有，只是在浪費時間。我把英文的「責怪」一字拆開拼成「bla-me」，意思是一個只與「我」有關的卻毫無意義用語（就像是英文中的 blah blah blah 諸如此類，等等的廢話）。你需要知道你的人生中**重視**的是什麼？你的**自我價值**在哪裡？你真正的快樂就在你所重視之處。

問一問自己，在你的**重視天平**上，你的位置在哪裡？你有把自己及自我關懷放在優先位置嗎？你看重自己嗎？

曾經有一位有三個年幼孩子的媽媽，她很常帶孩子們來診所進行各式各樣的牙科護理需求，但每當我們的櫃台人員問她是否要為自己預約牙齒檢查時，她總是很客氣地拒絕，理由是她太忙著照顧家人而沒有時間。

　　直到有一天，她牙痛到無法忍受來掛號急診，我們才發現她的問題已經拖延了好幾個月。儘管她因為及時得到治療而避免了引發有致命危險的蜂窩性組織炎，但如果她能接受定期的牙齒檢查、清潔與保養，就不需要經歷那樣的痛苦。我慎重地告訴她，「對你的年幼家人而言，你是最重要的，唯有你的健康與幸福才能帶來真正的快樂，好讓你可以跟所愛的家人共享美好的人生。」

　　在工作上，我時常看到許多媽媽都是這樣。她們定期帶孩子來診所進行例行的檢查或是牙齒治療，但是很少有媽媽記得她們自己也有需要。即使在牙齒情況緊急的狀況下，媽媽們仍必須非常努力試著解決預算問題以及每天忙碌的行程，才能擠出時間來照顧自己。

　　每當我看到一位母親對衡量自我價值與她在生活中對其他人事物的優先順位之間有極大的差異時，我通常會暫時停止談論牙齒問題而先請問這位母親，在她的生命中和生活上什麼是對她最重要的？孩子、家庭、職涯或是夢想？一旦她願意與我分享她生命中最重要的人事物時，我就會請她想一想，在這些對她最重要的人事物上，自己所扮演的角色是何等的重要——養育孩子、鞏固關係、為人生下一個階段的生涯規劃。

一個偉大的媽媽總是把自己的需求放在最後，先服務他人。許多家庭都仰賴著媽媽，看顧生活中大大小小的每一件事。要是沒有媽媽，整個家庭會突然不知道要如何運作，或是如果媽媽生病而覺得不舒服時，全家人就不知道該怎麼辦。偉大的媽媽必須了解她非常重要的自我價值以及照顧好自己的重要性。她絕對值得被好好照顧，她也需要健康快樂，才能好好照顧那些愛她和她所愛的人。就像是飛機上空服員的安全示範所說，「請務必先戴好自己的氧氣面罩，再幫助其他人。」

體驗

　　「每一個新的經驗都會使我們更加成熟並且看得更清楚」
　　——英迪拉・甘地

　　接納自己的情緒與從經驗中學習，才能**體驗**成長，**享受生活**。恐懼只是生活的一部分，你無須對它有不好的感覺。學習新事物的恐懼一開始可能令人膽怯，但是如果你**著重**在完成課程學習後所能享受的好結果，你就能**體驗**整個過程中獲得的成長與快樂。

　　就像是在等待種子發芽或雞蛋孵化的時候——你無法很確定的知道結果會是什麼，因此對未知、預期外及控制外有某種程度的恐懼。但是當你親眼見到種子發芽或小雞孵出的瞬間，你絕對會因為**體驗**成長的神奇感到

非常興奮。從土壤中或蛋殼裡突破障礙的過程，可能不是很舒服，但是因為破土而出或破殼而出之後帶來的喜悅勝過一切，讓辛苦都是值得的。

如同偉大的作者博恩‧崔西所說：「你生活中的每個經驗，都是精心策畫，要讓你學到在繼續往前走的路上，所必須知道的事。」

好的經驗會培育出美好的結果。在學習「『站』勝恐懼」的過程中懂得享受成長的**體驗**是很重要的。

智慧的培養來自於**體驗**。你無法只靠吸收知識去領悟學習，你需要有實際的行動才能得到真正的**體驗**。例如，你可以靠聰明才智學到許多與游泳有關的事，但是如果你沒有實際的體驗，也可能會因為不諳水性而在真實的情況中溺水。

不熟悉與不了解是多數人會感到害怕的原因，所以經驗的累積能夠幫助我們克服恐懼。常言道：行萬里路勝讀萬卷書。親身經歷的豐富**體驗**，遠勝於廣泛閱讀書籍所得到的知識。比起學歷和文憑，充分的工作履歷、累積的社會經驗以及人際關係的培養，更有助於調適心態、進入職場、工作績效與職位的升遷。

賦權

有了個人價值與自我價值的建立，**賦權**能為被賦予權力的人帶來真正的享受與長久的快樂。劍橋字典描述賦權為「獲得自由與能做自己想做事情或是控制發生於自己身上事情的過程。」

賦權也被頂尖心理學家形容為，「一種可幫助人們獲得控制自己生活的權力[23]。」以及「一種促進人們、社群與社會力量的社會過程[24]。」

有時候，我們的力量在尋求認可的過程中減弱。這樣的尋求認可的行為，通常從我們的幼兒期就開始被灌輸——尋求父母、老師、長輩、配偶、老闆與朋友的認可。然而，我們必須懂得決定我們自己的自我價值與方向，才能感覺到被賦予權力的最大力量。就如同普立茲獎得獎書籍《紫色姐妹花》[25]的作者愛麗絲·沃克所說：「人們放棄權力的最常見方式是他們認為自己沒有任何權力。」

當你找到你的自我認同、定義你的個人價值、決定你的自我價值並且做真正的自己時，你會覺得很有力量，能展開一段創造屬於你自己的充實生活旅程。而且當你能將此方法延伸，並以給予、委派與信任的方式賦

---

[23] Hur M.H.（2013）賦權。Gellman M.D., Turner J.R. 行為醫學的百科全書。https://doi.org/10.1007/978-1-4419-1005-9_312
[24] Page, N., & Czuba, C. E.（1999）賦權：那是什麼？推廣雜誌。https://eric.ed.gov/?id=EJ594508。
[25]《紫色姐妹花》The Color Purple, Harcourt Brace Jovanovich (1982)

權給你周遭的人，人們會加入你並且以團結與喜悅參與你的願景。

學習如何賦權給自己，讓你可以體驗自己的卓越。

第四階段

達到目的

「你知道每個人類的誕生都有其目的，且有責任去發掘此目的並實現它嗎？」
——吉格·金克拉

當你運用 S.T.E.P.「『站』勝恐懼」模式從第一階段的「**設定心態**」到第二階段的「**使用工具**」然後進入第三階段的「**享受生活**」後，這趟成長的旅程會帶領著你進入第四階段的「**達到目的**」，歡喜慶祝「『**站**』**勝恐懼**」的美妙成果。

由**目的**與熱情所驅動的生活，是有意義的人生。人們需要有生活的**目的**，讓他們可以繼續前進。有些人可能從小目標開始，而有些人可能有大願景。不管目的的規模與種類，它必須是每個人在「**達到目的**」後可以享受美好的成果。

就如同授權超過 85 種語言，全球銷量超過 5000 萬冊的劃時代鉅著《標竿人生》的作者華理克所說，「你的存在絕非偶然……你的出生不是一個錯誤或不幸，更不是自然界胡亂拼錯而成」。我們每個人生來都有美好的目的。沒有目的的生命會枯萎。有了目的，就能幫助成長。整個生命的過程，都值得你我去學習欣賞與享受生活中的精采。

目的驅動的生活能帶給你：

- 對他人的惻隱之心
- 練習自我察覺與「『站』勝恐懼」的勇氣
- 察覺生活中的恐懼/問題/挑戰的能力
- 辨識你需要的工具與資源之敏銳意識
- 感恩你所擁有的生活
- 願意與他人分享及傳承你的智慧

在我知道如何使用 S.T.E.P.「『站』勝恐懼」模式之前，每當處於黑暗的地方，我的心中就覺得很悲慘。我曾經懷疑過自己的存在意義，並質疑我生命的目的。那種感覺一點也不令人愉悅，甚至讓我陷入絕望中、找不到自我價值，覺得自己一文不值。

我想藉由自己過去還受困於黑暗時期的例子，讓讀者明白，在克服恐懼和移除憂慮的路上，你我並不孤單。所有身處於黑暗時期的感覺都與孤獨有關，甚至讓你覺得無路可逃。

在移民初期，我的憂慮和恐懼包含了：

- 試著在新的生活形態中安定下來，卻無法學會新的語言。
- 知道自己需要幫助，但卻不知道要如何開口。
- 不想增加我那也需要幫助的父母更多的負擔，因為他們也不曉得可以問誰，而且有時候他們也會不好意思向外求援。

婚後的我，與姻親家庭住在同一個屋簷下產生了不少衝突。我們跟公公同住了 11 年，直到他過世。而每一次當我婆婆從台北飛來雪梨看兒孫時，我一再重複經歷許多內心掙扎的自我對話與心態的調整，還是無法跟外子解釋或討論我內心的真實感受。在我感覺最黑暗的時期，我會質疑自己並想著「為什麼我讓自己陷入這樣的狀況？其實我一個人單身的日子也過得很好啊。」可是我卻又會被自己的另一個恐懼嚇到，那就是如果我沒有結婚或設法獨立搬出去的話，我的餘生就得跟我的父母一起住，這樣的想法也讓我陷入憂鬱。不僅如此，我那一段的黑暗時期還包含了以下的難處：

● 為人父母：教養子女十分疲累，非常不容易，尤其是住在一個有眾多意見、讓人分心與不同家庭背景跟影響的環境裡。

● 公司管理：經營事業和人事管理上有許多的困難與挑戰。

　　Chats Dental 成立於 2013 年，當時正是澳洲的小經濟衰退時期。即使是貸款給我們的銀行與提供資訊科技管理、軟體系統、昂貴牙科設備的供應廠商，都想不透為什麼我們會選在那個時候創業，還好心的警告我們經濟泡沫破滅的危機。

　　我在 2013 年時懷了第二胎，為了生活我甚至工作到兒子出生的前一天才休息。一般的人會選擇留職停薪，但是我在他出生後的幾個月，就回歸職場，照管工作、職員、家庭、公婆以及我自己的父母。我還記得當時要

兼顧工作和親餵新生兒的狼狽模樣，讓我疲憊不堪，可是當時的我只覺得自己已經無路可逃，沒有後路可退了。

後來我是使用 S.T.E.P.「『站』勝恐懼」模式才幫助自己走出了黑暗。每當我感覺到恐懼（改變、威脅、生活中的混亂、或是對未來的徬徨不定）時，我就為自己設立一個**目的**，讓自己下定決心要「**『站』勝恐懼**」。這些目的不需要是宏大的、遙不可及的或是長期的。它可以是微小的、近在眼前的或短期的。重要的是設立此**目的**的最終目標，是要在「**達到目的**」後，可以享受美好的成果。

「夢想做再偉大的事，也要夢想
成真時才能令人滿足。」
——楊毓瑩（凱瑟琳）牙醫師

找出目的

　　找出生活的**目的**不是件容易的事，但是生活有**目的**，才能夠讓生命延續，過著有意義的生活。做有意義的事，能讓人生有希望，對自己有信心，並加添我們力量，使我們能夠面對人生中的挑戰、生活中的問題，藉著 S.T.E.P.「『站』勝恐懼」模式來克服困難，享受美好的成果。

　　焦慮、沮喪，甚至有自殘、自殺的念頭，可以靠著重拾自我價值與找出生活**目的**，加以預防、杜絕與治療。為了看到更明亮的未來，人人都需要相信自己是值得享受美好的生活。當個人感覺被需要、被想要以及被愛時，自我價值會立刻增加。當人們看到他們在生活中的更高**目的**時，他們就會明瞭自我價值的重要性。

創造自己人生目的的自我宣言

　　發表自我肯定的宣言能幫助自己認清方向、設定目標，並擁有**賦權**給自己的力量。 而我自己人生**目的**的自我宣言是，「幫助人們重拾他們健康永續的笑容，讓每個人都可以盡情享受生活。」

　　你也可以為自己的人生設定**目的**，或是為生命中的重要時刻設定**目的**。隨著我們人生中的不同階段，生活的目的也會因為生活的體驗而隨之改變。例如，當我成家立業後，我的人生增加了好幾個不同的**目的**：做一個好媽媽、好妻子、經營一間好的牙科診所。有了清楚的人生目的讓我覺醒自我的價值，了解生命的意義。

有些人需要多一點時間探索他們的生命，發掘自我的使命感。但是無論在人生的任何一個階段，你都可以設定目標、理想和目的地——無論大小或多或少，或短期或長期，你都可以朝著**目的**前進，並享受「**達到目的**」那一刻的喜悅及美好的成果。

「『站』勝恐懼」實例分享

讓我再分享一些個人使用 S.T.E.P.「『站』勝恐懼」模式的經驗。我的大女兒莎拉第一次在學校要演講的題目是「如果我是澳洲總理……」。她在這之前從未演講過，而這個活動設計是透過模擬選舉方式，要在全班同學面前進行演說，並在演講之後舉行投票，目的在於加強兒童參與治校及發表政見的能力，來培養民主法治的觀念。

莎拉天生是一個正向快樂的女孩，她喜歡上學，可是這個特別的作業，讓她感到慌亂。要她踏出「舒適圈」，在大家面前演說，還真的是一大挑戰。那天她從學校回到家，很害怕地跟我和外子說：「我該怎麼辦？」

我告訴莎拉：「妳不需要害怕，因為這個作業很適合妳樂於助人的個性。妳可以向大家說出妳偉大的抱負，幫助許多人，讓這個世界更美好。」

我向她解釋一個真正的領導者會是一個很棒的服務者，有著宏大的目標及偉大的理想。

莎拉想了一下，然後說：「可是媽咪，我這麼小，要怎麼去做大事呢？」

　　我說：「不要擔心，我們一起試試 S.T.E.P.「『站』勝恐懼」模式好嗎？」

　　莎拉開心的點點頭，馬上進入了 S.T.E.P.「『站』勝恐懼」模式的第一階段**「設定心態」**。她明白自己並不孤單，而且是**歸屬**於一個安全的環境中，有愛她的爸爸媽媽支持她。所以莎拉告訴自己說：「我要**接受**這個挑戰。我**相信**自己做得到。我不需要追求完美，只要**勇敢**嘗試、全力以赴！」

　　接著，莎拉進入了第二階段**「善用工具」**。她循著自己想要讓世界變得更美好的方向去研究、閱讀書籍、上網搜尋，並詢問大家的意見，以便思考同學們最在乎的會是什麼。在集思廣益後，她開始整理重點，然後撰寫講稿，再自我計時，練習演說。

　　到了演講的那一天，莎拉的政見發表內容包括了：在學校提供更多樣化的快遞午餐作為選項；還有讓學生們有「彈性上課」的方式來選擇到校上課或者線上學習的自由。（沒有想到這些新主張，在新型冠狀病毒大流行之時，竟然在現實生活中真的執行了）

　　能看見莎拉使用 S.T.E.P.「『站』勝恐懼」模式，設定正向的心態、善用身邊的資源與工具、進而勇於分享自己的理想、完成演說的目的，讓身為父母的我們與她**共享**成長過程的喜悅。那次的演講，也讓她獲得了最高的票數。但最重要的是，經過了那次演說的經驗，莎拉

找到了參與活動的熱情與對自我價值的肯定。如果不是因為懂得如何使用 S.T.E.P.「『站』勝恐懼」模式，莎拉可能還是一個膽怯害羞的孩子——猶豫不決、沒有信心、懷疑自己、支支吾吾。而那些負面的感覺很可能會不斷地擴大，讓恐懼支配她的行動與心態。

　　S.T.E.P.「『站』勝恐懼」模式讓她原本擔憂的恐懼變成了一個美好的學習經驗，更啟發了她對將來服務眾人的熱誠以及去從事有意義的工作的積極態度。莎拉**「『站』勝恐懼」**了！

第四部分
「『站』勝恐懼」團隊

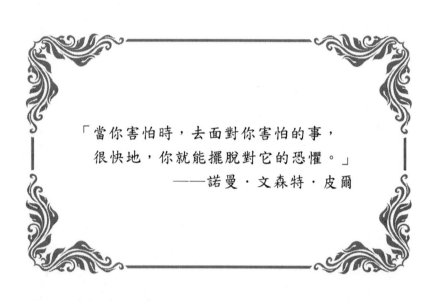

「當你害怕時，去面對你害怕的事，
很快地，你就能擺脫對它的恐懼。」
——諾曼・文森特・皮爾

影響深遠的禮物

在採用 S.T.E.P.「『站』勝恐懼」模式後，你會發現生活中充滿了各種可能性。在你歡欣鼓舞、因自己精采的表現而備受他人讚賞的同時，也應該是你要幫助他人克服恐懼的時刻了。

我相信將你從生活中獲取的良善智慧與知識，傳遞下去是非常重要的，這樣的話，你就不僅可以幫助在你個人生活與工作上周遭的人，也可以將其向外延伸而去幫助廣泛的社群與世界。

善良的人們與優秀的領導者都樂於幫助他人。事實上，他們每一天都致力讓他人的生活變得更好。他們的生活**目的**就是：提供幫助。他們是充滿目標的人，不僅不會將其工作或職位視為負擔或職務，還會將其視為祝福以及提供幫助的地方。

有能力提供幫助的人是有福的！無論你的工作屬於哪一類的產業（例如：農業、漁業、林業、畜牧業、營造業、高科技業、零售業、服務業），或是你的職務屬於哪一科系的行業（例如：工商、教育、研究、醫療、照護）。最重要的是：藉著工作幫助或有能力提供給那些尋求幫助的人。正因如此，你是值得被稱讚的！樂於助人的人也會得到祝福為回報。

然而，職稱頭銜、工作類別、或學歷證書，並不等於工作能力、表現或績效。相反地，心態的限制，會讓

你無法表現出最佳的自己，甚至會產生恐懼（F.E.A.R.）讓你感到——**挫折**（Frustrated）、**情緒化**（Emotional）、**憤怒**（Anger）、**不滿**（Resentful）——它會耗盡你的喜悅、快樂、希望與和諧。

　　試用下列的問題來思考：

　　• 你會如何挑選合適的牙醫？是專業但只做工作上應該完成的事，或是技術高超，而且會讓你放心信賴並關心患者的牙醫？

　　• 你會如何挑選合適的老師？是知識豐富但只做工作上應該完成的事，或是學識淵博，而且會幫助你學習並看著你進步的老師？

　　• 你會如何挑選合適的諮詢師？是經驗豐富但只做工作上應該完成的事，或是技能高超，而且會在乎你的感受並幫助你培養長期良好心態的諮詢師？

　　對吧！能熱愛自己從事的職業，方能將個人獨特的「精髓本質」帶進工作職務上，加上日益漸進的精湛技能，將讓你成為他人的首選。

　　因為你所展現的**真愛**與**關懷**，讓人感受到你對他們的幫助，讓這個**經驗**增添了額外的心靈悸動。

　　正是你那獨特的活力與光彩，使你的工作、職務或所扮演的角色突顯得格外重要。因為人們記得你的關懷所帶給他們的**影響**，所以他們也會想要將這樣的關懷**傳遞**給其他人。

S.T.E.P.「『站』勝恐懼」模式不僅適用於個人，亦可擴展運用成為團隊模式，可以幫助領導者在任何情況下，改善其團隊與工作環境。它也遵循相同的四個階段，將社群內甚至是各個國家中的所有領導者都能幫助其團隊更有效率地工作並且氣氛融洽。

同心協力，成就更多

　　S.T.E.P.「『站』勝恐懼」模式除了能幫助個人的成長，在接下來的章節中，將更深入的探討並說明它如何能幫助你在團體或團隊組織中提高凝聚力和執行力的祕訣。

　　也許你的心裡覺得：「我的團隊工作狀況還不錯，我們不需要做任何改變。」

　　然而，要記得——恐懼是生活的一部分——每個人都會經歷恐懼，而它可能因此在潛意識中影響我們在任何環節、情境中的**信心**、**行動**與**關係**。應用 S.T.E.P.「『站』勝恐懼」模式，就像是為你的團隊或工作環境做健康檢查。在小問題變成大問題前，能預先處理將大有助益。

　　在談論業務時，注意你所選擇的用詞也是很重要的。在工作上，我們會很刻意地使用「我們的」這個詞，而非「我的」公司——畢竟，這是我們的團隊成員

共同的事業。我們要一起努力朝向我們的願景邁進，達成我們同心的目標。

夢想可能充滿恐懼

　　你團隊中的每一個人，都在前往夢想的路上。從可能正努力存錢爲了買房子的櫃台人員，到爲了升職非常努力工作的經理，每個人都朝向自己的夢想努力。

　　重要的是我們可以理解，有些人的夢想可能飽受恐懼之苦。身爲他們的朋友、同事與領導者，你會希望他們在追逐夢想的過程中**享受美好**，幫助他們減少恐懼。

　　舉例來說，我和外子從零開始共築我們的診所之夢，過程中經歷了重重的困難。雖然我們有遠大的夢想以及願景，這一路上要通過一道道的關卡也伴隨恐懼而來。我們經歷過害怕無法達成目標的恐懼、不知道如何經營企業或是如何拓展業務的恐懼，以及若創業失敗不知該如何面對的恐懼。

　　使用 S.T.E.P.「『站』勝恐懼」模式，幫助我們明確循序的**進行每一個階段、完成每一個步驟**——在創業的過程中，克服恐懼、渡過難關，進而實現夢想。這個模式對團隊、公司與組織頗具效果，因爲我們就是使用這個模式，一步一腳印地將夢想實現。

　　許多人都有恐懼，將他們阻擋於夢想之外。例如，作家可能有出版書籍的夢想，但是擔心被出版社或代理

站
勝
恐
懼

STEP ON FEAR

144 **打包恐懼成爲你的墊腳石**

商拒絕的恐懼，讓他們放棄追求夢想。又或是創業家可能想要升級公司的產品，但害怕所付出的時間與努力最終換來財務損失或無法有效吸引客戶。

　　很多人都忘記，即使做到老闆的位子也會有恐懼。有時候，事業的夢想與現實之間的距離是很令人害怕的。許多人很快就認定，老闆只是做做決定而並沒有真正的情感，也就是對他們來說，全都與金錢有關，情感不會當一回事。但那不是真的，老闆也會經歷恐懼，害怕自己不是有效率的領導者或是擔心經營不善。

　　當然沒有人想要失敗。可是擔心失敗或是害怕不成功的恐懼就是這樣潛伏於夢想中，而阻止人們去嘗試。在你的憧憬與遠大志向的心靈角落，也可能會出現悄然潛行的黑暗恐懼。

　　無論你團隊成員的個別職務是什麼，對他們而言每個人都會有非常真實的夢想與恐懼。知曉恐懼會潛伏於夢想之中，就可以作好準備來面對它，而不讓自己在恐懼出其不意的襲擊下感到驚慌失措。

「『站』勝恐懼」團隊模式的第一階段

設定心態

在之前的章節中，我介紹了**設定心態**爲你成功的第一步。在你身爲領導者、導師或朋友的角色中，你亦有能力可以將其應用於團隊設定中，幫助他人**設定心態**。

團隊「設定心態」的步驟 ABC

這些步驟與用於個人的「**設定心態**」方式雷同。

> A = 察覺、承認、接受、詢問
> B = 歸屬、相信、建立關係
> C = 稱讚、信心、勇氣

步驟 A = 察覺、承認、接受、詢問

優秀團隊開始的第一步是「奠定基礎」——建立一個穩固的平台，讓團隊可以往上構築，以到達更高的高度。步驟 A 中的四個要素——**察覺、承認、接受、詢問**，其作用就是爲團隊「奠定基礎」，隨著成長，幫助他們站得又高又穩。

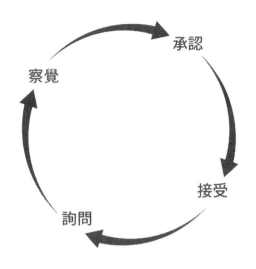

承認

察覺

接受

詢問

察覺團隊

　　如果你的團隊是「無意識的」，並以自動模式運作而沒有去察覺周遭的環境——這可能會導致災難。你必須清楚知道整體情況，才能決定最佳的行動方案。留心他人的狀況並照顧周到是很好的特質，身為團隊中的一員以及尤其是領導者，要保持好奇心並隨時提問以提升每個人的察覺力。

　　針對「『站』勝恐懼」團隊，首先，你應該要考量什麼樣的恐懼可能會潛伏於團隊或組織的心態中。從我自己對恐懼的經驗以及我自己身為領導者的經驗中，我了解團隊成員可能有下列的恐懼：

- 敞開心胸與老闆或主管交談
- 衝突
- 要求加薪

- 在團體中表達自己
- 分享感受
- 曝露缺點
- 被認為沒有能力

一旦你**察覺**到團隊中任何種類的恐懼，你就可以辨識出這是需要解決的問題或挑戰。這代表與員工或團隊成員交談，可以是針對員工個別指導的特約談話或是在給予協助的會議中進行公開討論。

用於了解團隊的問題可包含下列：

- 就你在團隊中的職務或就你個人而言，你的主管與同事有對你提供協助嗎？
- 這應該要如何改進？
- 你在這裡碰到什麼樣的挑戰或問題？
- 你認為哪一個區塊或系統需要改變或改善？
- 你有沒有什麼樣的夢想是我們可以幫助你達成？
- 我們組織中的哪些其他領域是需要多加注意的？

這些問題的答案，可以幫助你檢視團隊的工作績效以及工作環境的健康，進而採取應對的措施。

就跟急救步驟表一樣， 就像是在看到失去意識的人時，遵照急救表的步驟 ABC：檢查氣道、檢查呼吸、檢查意識以及系統的循環。

我們也可以用相同的方式探查我們團隊的生命力。

承認團隊

緊密的跟隨**察覺**結果，是需要**承認**必須解決的問題或挑戰，以便達到團隊成功與和諧。忽視、假裝不存在或把頭埋進沙裡，都是沒有用的。那只能延後無可避免的衰退。

對於老闆或是在團隊中工作很久的員工來說，要他們**承認**有更好的方式來做事是非常不容易的。因為習慣難改而且大部分的未知狀況會令人恐懼。

在團隊中，良性的討論與分享不同的觀點能幫助每個人看到問題所在、**承認**需要改善的地方、同意並配合系統更新的重要性，這對於成長是非常正面的。

另一種**承認**是對自己在你的職務中所犯的錯誤坦白。

舉例來說：員工卡爾有一天在下班時忘了關冷氣。

隔天早上，另一位職員大叫：「昨天是誰忘了關冷氣？」大家都安靜下來，等待應負責的人回答。

卡爾可能覺得害怕面對承認錯誤的後果，他可能選擇說謊或保持沉默。如此可能造成其他人怕被誣蔑的緊張氣氛，導致老闆要調閱監視器，查看那時候是誰值班。但是如果卡爾選擇說謊，後果可能會更糟而心理負擔也會更重。

還有另外一個選擇是坦白**承認**。卡爾可以馬上回應說：「我很抱歉，是我忘了關，這是我的錯。」

雖然這可能會讓卡爾當下不舒服，但那只會是短暫的。相對於如果卡爾選擇沉默或說謊，他的卑怯、罪惡

感、甚至會重蹈覆轍、長期延續的難受。一個成功的企業和優秀的團隊，會鼓勵誠實、支持及幫助勇於承認錯誤的人改正錯誤，攜手邁向美好的未來。

假設卡爾是個很棒的員工，我們可以推斷這不會是一個經常發生的錯誤，而且可以相信他會從中學習而不會一錯再錯。他的老闆也可能因為卡爾的誠實，發現管理系統上的不足，進而調整、檢測或發展出一套新的系統，使此類錯誤能被降低或避免。

另外，如果卡爾的老闆因為冷氣開整晚的額外費用而煩惱，承認錯誤的卡爾也可以給予在能力所及的方式來補償，像是增加工時，來顯示他對老闆真誠的抱歉。

不要害怕你過去的失敗，也不要緊抓著它們不放。將它們埋入深處，反而可能給它們更多反撲的力量。對自己誠實、自在地談論你過去的錯誤以及你從中學到的經驗，不要向後退，而要**承認**並改正錯誤然後往前走。這也顯示你正以 S.T.E.P.「『站』勝恐懼」模式更上一層樓，達到更高的高度。

承認團隊中個別成員的重要性，也是必需的。**承認**他們的努力、付出與貢獻。讓他們知道他們的幫助是很受重視的，如此可以建立好個人與團隊間的施與受之雙向道路。當團隊成員有共同的目標與利益，他們就更能感覺到工作的目的、感受到參與的快樂而齊心協力。

接受團隊

接受挑戰與承認有解決挑戰的需求，是最重要的。否認問題的存在永遠沒有幫助。就像是我之前提到的牙痛……如果你否認這個問題的存在，它只會變得更糟。接受後的下一步必須要採取行動。有些人誤以為只要接受現實就夠了。其實不然，若只是接受而毫無行動，並不能改善現狀。真正的接受得踏出成長旅程中的下一步。

舉例來說，當團隊在會議中決定了一個行動方案，這個決定白紙黑字清楚的寫在會議紀錄上，讓大家知道這個決議事項已被接受與承認需要採取的行動，並選定好日期和時間，來檢視這個情況的處理狀況。如此一來，大家都知道這個挑戰——問題正在改善中，而且在下個會議中有再進一步的討論，直到達成好的結果。

詢問團隊

一旦你察覺需要解決的問題，接受它並承認你必須採取行動，你就準備好要尋求幫助。

可以先詢問你的團隊對於解決此挑戰的想法與觀點。或者詢問商業諮詢師幫助你解決此挑戰，並使事業成長。或者尋求你同事的協助。也或許在你認識的人當中，有人在他們的團隊裡已面臨過類似的問題，因而可以提供一些建議來適用於你的情況。

接下來，你就要進入下一個步驟，讓團隊同心合作。

步驟 B = 歸屬、相信、建立關係

許多企業花費大量的金錢，試著去建立一個能互助合作且表現出眾的團隊。基本上，這要從關懷個人以及照顧人們的需求做起。

歸屬、相信與**建立關係**，是必須達成的人類基本需求，以便讓個人在任何環境或組織中成長茁壯。這些需求被滿足了多少，可從團隊的文化中看出，並創造「團隊思考」與**團隊歸屬**。

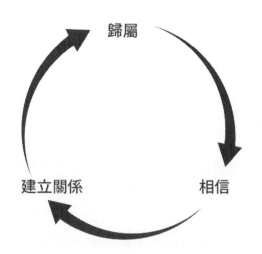

歸屬團隊

發展團隊的「團隊思考」與**歸屬感**，不僅是關於團隊建立活動而已。你需要培養一個真實且深入的**歸屬感**，讓每個人覺得被接受為團隊的一員。你必須要關懷

整個團隊中的每一位個別成員，並且將整個團隊視為一體。

選擇合適的團隊成員，能給予你的團隊與新成員對其所扮演的角色清楚明白，每個人都熱愛自己的工作本質，願意為實現共同目標而做出長期的貢獻。

然而，蓋洛普所做的 2017 年全球工作環境現狀的調查顯示[26]，高達 69%的澳洲員工無法專心投入於他們的工作。這些員工精神散漫、毫無效率且浪費大量的時間。

每個人工作都有**目的**，即使工作就是為了賺錢，其所得馬上被用於購買衣服或汽車上，這些員工仍有著不得不上班的目的。

當你雇用人員時，你必須要仔細篩選並去理解他們的**心態**，以及為什麼想要這份工作。他們真的想要加入你的團隊，幫助建立你的組織並分享夢想，讓夢想成為可真正分享的願景嗎？他們想要在他們的職務上好好表現，並持續改進專業技巧或人際關係技巧嗎？

以你想要前進的方向為準，選擇與此**目標一致**的團隊成員，讓他們可以幫助往對的方向前進，並以最快速度、最佳效率與最有效的方式進行。一旦你選擇了有正確**心態**的合適人選，努力與他們**分享**你的願景、你的**信念**與你的未來**目標**。讓他們**參與**你的重大計劃，**共同建立遠大的願景**。

---

26 蓋洛普。全球工作場所現狀報告，（2017）。
https://www.gallup.com/workplace/238079/state-global-workplace-2017.aspx

另一個對公司成長有正面助益的要件，在於招聘新團隊成員的時候，要選擇跟你有相同價值觀的人。例如，當我尋找新員工時，我需要他們能謹守三個我們企業的核心價值：**誠實、信任與公開透明**。

　　當身邊的人是開誠佈公時，人們會覺得很自在。這讓大家能在一個溫暖熱情的環境中工作，在那裡他們覺得安心且被珍惜。建立一個開放的平台，讓大家表達自己並分享想法與提出建議，是很重要的。創造一個沒有閒話或恐懼的正向工作環境，能幫助大家感覺到**歸屬感**與安全感。

　　我會在面試一開始就加以說明，所以他們在當下就可以決定是否接受**誠實**及**公開透明**的公司文化。也因此我們能發展出對彼此的**信任**以及在團隊中的信任。如果有人對於我們公司的運作模式覺得不舒坦，也沒關係，那表示他需要去別處找尋另一個適合他的職務，而我們也會找到下一個適合我們職務的人選。

相信團隊

　　領導者最重要的一個層面，就是**相信**自己所選擇的團隊——能力及表現。無論是他們所指導的運動隊伍、社區團體或是工作團隊，領導者都要相信他們的團隊可以達成他們的**目的**。

　　此**目的**不一定是指獲勝，也可以只是完成任務、達到目標。但試想一下，如果一個運動團隊總是爲了球場上的失誤而互相爭吵、指責，不但無助於運動員的進

步、成長，他們的教練也無法成功領導整個團隊，不僅不可能贏得每場比賽，還會讓士氣低落，履戰屢敗。

相對的，一個關懷隊員的教練，能看見每一位球員的優點與長處，且會幫助他們發揮實力、突顯潛力、表現更好，成為更有價值的球員。在訓練的過程中，優秀的教練也會向每位球員說明要如何互相支援，讓每位隊員都覺得受**重視**。當球員對自己及全體隊員感覺良好時，通常他們的表現會更好，因為他們**相信**團隊精神，並能共享歡樂的氣氛與友誼的**連結**。

就算他們沒有贏得比賽的時候，教練與球員們依然看見彼此為球隊所付出的努力，雖敗猶榮，因為他們覺得能身為此**關係**緊密、凝聚力強的團隊之一員是很令人開心的。而每一次參與團隊的運動比賽，都是一個值得紀念以及有正面情感的**經驗**。

相信是對你的團隊充滿**信心**，你必須**相信**他們是這個工作的最佳人選。如果有某個成員不適合此團隊，你也必須接受這個事實，並採取行動盡最大可能協助他——可能他有什麼你尚未了解的恐懼。

你的團隊成員也會感覺到你**相信他們**，並且會受到鼓舞而繼續朝向**團隊目標**努力。

建立關係團隊

記住你並非獨自一人創業，是非常重要的。要記得，你與你的團隊一起在**建立**一個企業，而如果團隊已

經成型，建立彼此的永續且值得紀念的**關係**，那會讓成功的滋味更加甜美。

身為領導者，你無須總是需要和你的團隊保持於專業距離；工作關係內的尊敬與真誠關懷，是非常有益的。事實上，開始於 1938 年並持續到現在的哈佛成人發展研究[27] 之結果，顯示從緊密關係獲得的快樂，遠大於由金錢或社會成功得到的快樂。

牢記上述結果以及多數人一生的大多數時間都花費在工作上的事實，我們不是更應該好好發展工作上的關係嗎？應該要與花了許多時間和我們一起工作的同事，好好建立關係，不是嗎？

另一份由 BetterUp 的研究員所做的報告[28]，顯示在組織內創造強烈**歸屬感**，能帶來額外的潛力。報告顯示感覺到這種**關係**的員工：

- 離職的比例減少 50%
- 較有可能跟他人推薦這間公司
- 員工請病假的比例減少 75%

---

[27] 原始來源：George E. Vaillant; Charles C. McArthur; 與 Arlie Bock, 2010，「成人發展的格蘭特研究：1938-2000」，https://doi.org/10.7910/DVN/48WRX9。
哈佛持續研究 https://www.adultdevelopmentstudy.org

[28] BetterUp 報告：「工作歸屬感的價值：包容的新領域」。美國（2018 年 6 月）。
https://get.betterup.co/rs/600-WTC-654/images/BetterUp_BelongingReport_091019.pdf

有智慧的投資於團隊工作、良好關係的建立，能確保事業長期的成功。

步驟 C ＝ 稱讚、信心、勇氣

　　眞誠讚賞員工的表現，能加添他們在工作上的信心，也鼓勵他們在學習上的成長與茁壯。這些簡單的話語、行動在團隊中能發揮極大的作用與效果。每天安排時間讚美、嘉獎員工們好的表現，並鼓勵團隊效法其模範，能發揮正面的影響、促進事業的成長。S.T.E.P.「『站』勝恐懼」模式能幫助你的團隊站在恐懼之上，共享成功。

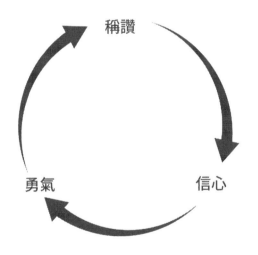

稱讚

信心

勇氣

稱讚團隊

　　一有機會就要讚美你的團隊，並在他們工作表現良好時**稱讚**他們。這樣的實務所帶來的效益不可被低估，試想一下有 79%的員工離職[29]是因為「缺乏來自主管的感謝」。當員工把一份艱難的工作完成時、當員工交給你分文不差的預算時、或是當員工們克服了一項挑戰時，要抓住機會以非常正面的語調告訴你的團隊，他們所完成的工作是多麼地令人印象深刻，以及你有多麼感激他們所付出的努力。

　　鼓勵的話語可參考下列：
- 團隊夥伴們，你們做得真好
- 各位同事，你們真的很棒
- 我為你的努力感到驕傲
- 我們就要達到目標了
- 繼續加油

信心團隊

　　稱讚你的團隊能幫助建立一個有**信心**的團隊，而將轉變成一個多產的團隊。一個**信心團隊**的心態，是非常重要的，它能讓客戶心安，覺得「選你就對了」。

---

[29] 蓋洛普商業期刊。珍妮弗・魯賓遜（Robison, Jennifer）。「轉動員工離職率」（2008 年 5 月 8 日線上出版）
https://news.gallup.com/businessjournal/106912/turning-around-your-turnover-problem.aspx

要記得定期詢問團隊成員，他們有什麼感受或是否有任何恐懼。如果你認為有人需要建立更多的**信心**，就提供他們額外的訓練幫助他們對應用其專業知識感到放心。多數的情況下，缺乏信心並不等同於缺乏知識，而是當事人覺得在展現他們的能力與想法上，沒有受到支持與鼓勵。

勇氣團隊

　　有了**信心**，設定你團隊的心態以**勇氣**灌輸，就是鼓勵你的團隊全心全意地去發揮自己，放膽去做。就像是雖然對外面的世界充滿好奇卻又不敢出門遠行，**勇氣**能幫助他們跨出那第一步，讓他們**體驗**感受並**賦權**他們向前邁進。

　　新的嘗試可包含下列事項：

- 鼓勵創新
- 嘗試新的銷售技巧
- 嘗試新團隊建立活動
- 探索新產品

　　湯瑪斯·愛迪生因發明燈泡而成名，但是他承認第一次的嘗試並未成功。事實上，在他真正找到可商品化的公式與組成前，歷經超過 1000 次的失敗。如果他沒有展現持續嘗試又失敗的勇氣，一直到最後成功，他的名字就不會像今天這樣被大家所記住。

人們需要被給予空間而讓自己有膽量，以及嘗試新機會或創新方式。我記得閱讀一篇阿爾伯特‧愛因斯坦的訪問，記者問他：「如果那個特定的實驗沒有成功，那你現在會在做什麼？」

　　他的回答很簡單：「你現在就不會訪問我，因為我會依然繼續在實驗室裡做實驗，直到實驗成功。」

　　愛因斯坦致力於他的目標，並且有勇氣一再嘗試，像是堅決地一再保證：最後一定會成功。

　　另一種形式的**勇氣**與給予及接收反饋有關：反饋給企業、團隊或個人的資訊。找出什麼是有效的而什麼是無效的，是很好的方式，然後再據此進行改變。

　　反饋不僅僅是口頭上說說而已。企業可以從許多領域得到反饋：銷售、審查、員工離職率及營業額衰退……等。要能真正接受員工及客戶的反饋是勇敢的行為，因為那代表你願意檢查這些你可以做得更好的領域，而且對探索新領域持開放態度。一個以感謝之心接受破壞性反饋的企業，會繼續往前並加速成長，因為它逐步發展成客戶與員工期待的模樣。

　　在團隊中，誠實地互相提供反饋也是種勇敢的行為，因為領導者與員工可能會感到脆弱，他們不知道應該要期待什麼，或是結果會是什麼。

　　然而，布芮尼‧布朗所說：「脆弱聽起來像實話，感覺起來則像勇氣。真相與勇氣並非總是令人覺得舒坦的，但它們從不是弱點。」有勇氣提供真正的反饋，與

對在培訓的工作場所中進行公開討論覺得安心，是絕佳工作表現與企業成功的關鍵。

「『站』勝恐懼」團隊模式的第二階段

善用工具

「**善用工具**」的使用三要素——時機、訓練與信任，開啟你團隊的視野與潛力。就如同身為個人，你可能太害怕而不敢踏出你的「舒適圈」，而讓自己陷於「妥協區」中，同樣的情況也會發生於團隊與企業中。這個區會侷限你團隊的視野與限制你的事業成長。

藉由 S.T.E.P.「『站』勝恐懼」模式第一階段「**設定心態**」中的步驟 ABC 所發展出來的團隊文化，能增強團隊凝聚力、讓工作績效更上一層樓。當員工們有能力從更高的層面看事情，他們就會開始注意到周遭的工具、資源與機會，進而更有效率的完成每天的工作及專業處理面對的問題或挑戰。正確的心態可降低每個人的焦慮所引起的視野狹隘，並開闊你的視野來看到許多可以使用的工具與資源。

寶貴的資源包括了下列許多不同的形式：

- 新軟體程式
- 新設備或技術
- 訓練手冊與公司資源材料
- 線上課程

- 教練與導師
- 你的商業競爭者或運動與社區同儕
- 你與客戶的互動及顧客給你的反饋
- 在你相關產業或領域正在進行的研究與學習

　　一旦你開始看到周遭的這些**工具**與**資源**，你就能**察覺時機**的重要性，讓你能朝向團隊願景前進。每一個時刻都是**訓練**與改善團隊的**機會**。

　　你可以擁有最新的設備與軟體，但如果你沒有在正確的時候使用它，那只是浪費時間與金錢。你需要十分明確與下定決心，在對的時候選擇使用對的**工具**。乍聽之下，這可能像是一時衝動的決定，其實不然。一旦你的眼界變寬、視野變廣，從更高的角度來查看周遭的環境，你會發現更多、更好及嶄新的成長機會。

　　正因為你在經歷著逐步解決問題的過程，與你同心的團隊能理解你做此決定的原因。大家的思維一致，一起在尋求學習及成長的機會。

　　同時也要小心不要被自己一時衝動的熱情困住，而最終讓熱情消失。那就會像是往前走一步，然後往後退兩步的窘況，毫無進步。必須要以一致、堅持與信念，在正確的訓練下持續往前進——這樣才能會轉變整體團隊的文化、全公司的實務與整個社區的氛圍！

訓練機會以許多不同的形式出現，可包含下列的硬性技能訓練：

- 團隊訓練活動
- 工作環境介紹與訓練
- IT 與設備訓練
- 軟體系統

以及下列的軟性技能訓練：

- 肢體語言
- 有效溝通
- 說話方式與聲音語調
- 電話禮貌
- 銷售技巧

從你選擇一個跟你有相同價值觀的團隊起，當你投入好的**時機**與**訓練**時，美好的事情就開始發生了，因為你們擁有了一起努力**建立團隊**中最有效率的要素之一：**信任**，或是我喜歡將其稱為信任之橋。沒有**時間**、**訓練**與**堅持**，就無法建立，這個一點也急不來。

能建造橋梁從而將兩岸連接在一起，是很令人驚異的。無論兩岸相隔有多遠，只要努力，兩岸的連接是可發生的。在企業中，不僅只有一道**信任之橋**；那是你與員工之間的**信任**——他們彼此間的**信任**以及最重要的——你的團隊與客戶間的**信任**。

每個人都應努力維持屬於自己這邊的**信任之橋**。這道橋樑是建立於你與團隊和與客戶間的強烈信念之上，才能維持在位。要取得客戶真正的**信任**，不在於他們從別人那裡聽到多少有關於你的產品內容或是服務項目，也不在於他們能從網上閱覽到多少別人對你的推薦評價。

　　真正的**信任**是建立於客戶親自的**體驗**。

　　舉例而言，即使患者已進入我們的診所並坐在等候室，他們仍在評估他們的選擇。他們在心中想著，「我來對地方了嗎？這是正確的決定嗎？你們是我可以**信任**的人嗎？我可以相信你們幫助我解決問題或處理我的擔憂嗎？」

　　我們必須透過幫助他們的過程，贏得他們的**信任**與**尊重**。

　　不要草率對待**信任**，因為當信任被打破的時候，那會是很深的傷口。即使你試著修補它，還是會留下疤痕。

　　「信譽可能需要花一輩子的時間才能建立，但只要五分鐘便足以摧毀。

　　如果你仔細想，你就會以不同的方式做事。」
　　——華倫・巴菲特

　　一旦你摧毀了**信任**，你需要非常努力才能重建。疤痕會提醒他們發生了什麼事以及他們的感覺。如同我最

喜歡的作者之一，馬雅・安傑洛（Maya Angelou），所說：「人們會忘記你對他們說了什麼、忘記你做了什麼、但是他們永遠不會忘記你帶給他們的感受。」就我自己的經驗而言，確實是如此。

工作場所裡的**信任**，會帶給你豐富的回報。例如，研究顯示領導者與其團隊間的**信任**，帶來的實質性益處，包含較好的業績、更大的工作滿意度以及較低的更換工作意願。此研究[30]也顯示，領導者的正直與透明度能幫助員工「更加信任」。

信任是一種必須經由培養才會產生的**關係**，就像你種花一樣，你不能不管它而將其放置於沒有陽光與水分的地方。只有在你以你的心、思想和靈魂真正去細心呵護，你才能看到其中的轉變。

團隊使用的關懷範本

包容性的言詞可建立正向的團隊文化和積極的工作態度；體貼的話語也能幫助客戶，在令人滿意的服務上還帶有「加倍」關心的體驗。下列是我們團隊使用的關懷範本，它是幫助我們解決工作上團隊成員間或與客戶間衝突的絕佳工具。解決衝突的最佳時間是即刻或是盡快。成功使用這個工具的關鍵在於彼此關係中建立信任。你也可以使用這個關懷範本中的原理原則，來幫助

---

30 亨特・布雷克（Black, Hunter）。「創造參與文化的六個有效方法」。
https://www.betterup.com/en-us/about-us/blog/6-proven-ways-to-create-a-culture-of-engagement

解決人與人間的任何衝突。最有績效的工作方式就是遵循測試過而且已獲證實的成功範本。

我們團隊的關懷範本如下：
1. 先表達感謝與尊重，隨後緊接著正向的說明。
2. 以句子「想和你說明/報告/解釋一下……」開頭來告知某個狀況或遇到的挑戰或難題。
3. 緊接著提出建議/看法/解決方案，給對方時間來回應。要耐心等候對方的答覆，不應預設立場，自問自答。
4. 如果達成共識或收到同意/許可，才能夠進行下一步。如果沒有得到共識/同意/許可，絕對不能一意孤行強迫執行，必需要繼續重複第 2 點與第 3 點，以不同的方式給予不同的建議/解決方案讓對方考慮及做出決定。得到共識/同意/許可是進行下一步前必備的條件。
5. 表達得到對方對共識/同意/許可的感謝與確認。
6. 最後以期待的語氣和態度來結束對話。

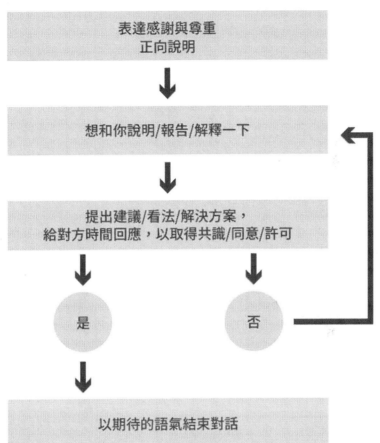

　　此範本是以先用正向說明引起當事人的注意、感謝當事人的聆聽、並取得當事人的同意,再帶出想要討論的事情。然後以簡潔扼要的方式說,「想和你說明/報告/解釋一下……」。

在你闡明整個情況以及提供建議或選項後，請問當事人，「你覺得怎麼樣？這樣行嗎？」

最重要的是，你必須給對方時間思考並等候回應，尋求、確定取得「好/可以」的回答。

如果你沒有得到你所要的答案，你則需要等待並思考一下對方的考量。然後，以不同的角度切入，再試一次。

一旦取得共識，要以表達感謝的方式做正向的總結，並表達你對一切美好的期盼。

個案研究一

患者來電與診所的 A 醫師約診，診所中的 A 醫師與 B 醫師的能力相等，也都是能幫助患者達成治療需求的合格醫師。A 醫師在接下來的兩周都沒有空檔，而 B 醫師則有時間可以較快為患者看診。櫃台人員應該要如何回應患者的電話要求，才能幫助患者及時接受治療、確認預約？

患者：「你好，我的牙齒很痛，我想要盡速與 A 醫師約診。他明天早上有空嗎？」

櫃台人員：「謝謝您致電我們的牙醫診所，很高興為您服務。想和你說明一下，A 醫師要到兩個星期後才有時間，但我知道您牙痛的問題，急需盡速處理。明天早上十點，我們經驗豐富 B 醫師有時間看診，以他 X（多）

年的行醫經驗一定能為您做最好的治療。我能幫您預約明天早上十點看 B 醫師嗎？」

（給患者時間並等候回應）

如果患者回應：「好啊。」

櫃台人員回覆如下：「謝謝您。我現在就為您確認與 B 醫師的看診時間——明天早上十點鐘。期待與您相見、為您服務，謝謝。」

如果患者說：「B 醫師是誰？我沒見過她，她好嗎？」

櫃台人員：「那當然啊！B 醫師已經行醫 X 年了……（或是提供 B 醫師的專業經歷），並且在……方面非常有經驗（或是她的專長……）。您一定會受到很好的照顧與治療。我能現在為您確認約診時間嗎？」

（給患者時間並等候回應）

如果患者說：「那好吧。」

櫃台人員：「謝謝您。我現在就為您確認與 B 醫師的看診時間——明天早上十點鐘。期待與您相見、為您服務，謝謝。」

經由以感謝與正向說明的方式展開對話，讓患者感受歡迎並鼓勵患者與櫃台人員述說他們的擔憂。只要讓患者知道現況並提供清楚的解決方案，稍停片刻並聆聽患者的需求、取得理解與同意，然後進行預約及確定看診的時間，這整個過程讓患者感受尊重，並提供他們專

業又即時的幫助。最後以感謝與期盼總結，讓患者放心、接受最好的治療。

　　相對的，如果我們只告訴患者不能按照他的要求幫他預約，也沒有提供好的替代方案，患者就不知道該如何處理他們的問題，可能會變得更加擔心與焦慮。更糟的是，患者可能會因此陷入沮喪而不再往來。診所可能就失去一位患者以及任何未來的轉介。

　　類似這樣的狀況問題，層出不窮的發生在各行各業。

個案研究二

　　朵拉是診所的新助理，當她壓力大的時候就很容易出錯。喬醫師在很急的時候，說話速度就會加快。每當工作超時，喬醫師說話的速度就會加快，讓朵拉很緊張並容易做錯事，而喬醫師生氣的表情總是讓朵拉感覺更加沮喪。有一天，朵拉鼓起勇氣使用 S.T.E.P.「『站』勝恐懼」團隊模式的關懷範本，進行溝通，讓雙方更了解彼此後，情況就改善了。

　　朵拉是這麼做的：

　　朵拉：「喬醫師，謝謝你讓我能在臨床治療的過程中協助你，我也很開心能向你學習。只是當你說話太快的時候，我無法理解你的意思，所以我會變得很緊張而且容易出錯。可以請你在工作時跟我說話的速度放慢一點好嗎？這樣我可以在協助你治療患者上，做得更好。」

（暫停並等候喬醫師的回應）

喬醫師：「喔，朵拉，我很抱歉讓你在工作中這麼緊張、有壓力。那不是我的本意。我很感謝有你協助我一起治療患者。我會試著放慢我說話的速度，但是當我又說得太快時，請你提醒我一下好嗎？」（微笑表示認可）

朵拉：「沒問題，喬醫師，謝謝你。我很期待再次與你合作的機會。」

善用正確的工具，加上適度的訓練，能讓團隊之間以及與客戶之間建立彼此的**信任**，這是維持長期良好關係的最佳方式。

無論使用哪一套系統，都需要適度的訓練才能使用正確，確保自己所相信的系統以其良好的設計，來幫助人們。如果系統不夠完善，你必須即時發現、趕緊做需要的修正與調整。

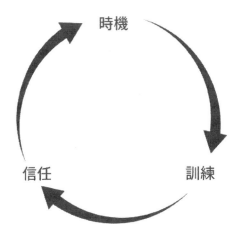

時機

訓練

信任

「『站』勝恐懼」團隊模式的第三階段

同享共榮

S.T.E.P.「『站』勝恐懼」團隊模式的第三階段「**同享共榮**」是最讓人眼前一亮的：

重視、**體驗**與**賦權**會幫助你感覺到同舟共濟的氛圍，而正面能量會湧入你的團隊。這一步驟使你在工作時和他人相處上可以和樂融融。

重視團隊

一個好的團隊所重視的是每個成員會因身為此團隊的一分子而感到快樂、為屬於這個獨一無二的團體而感到特別。一個快樂的團隊所散發出來的能量與潛力是很神奇的，它使人感到強而有力、備受支持及肯定。

面對個人的挑戰

個人可能會因為受困於自己的職務與挑戰（甚至是成功的時刻）中，而失去與其他團隊成員情感上的聯繫。當一個員工開始獨自工作時，就常常會忽略了尋求協助的需要或者提供他人幫助。

面對個人挑戰的實例一

明星足球員會成為明星，是因為有隊友支援他，無論是在球場上或球場外。他或許是那個把球踢進球門得分的球員，但那也是因為他的隊員們為他創造了機會，

讓他發光發熱。所以他真正的成功是來自於有好的團隊成員，應當並歸功於全隊的努力、認可團隊的成功。

面對個人挑戰的實例二

當我的小兒子伊森邀請他的堂弟們來家裡一起玩樂高的時候，我們學習到個人快樂與團體快樂的不同。伊森非常自豪於他自己設計的樂高車輛與建築。當一群孩子們在玩的時候，較年幼的小堂弟有時候會從伊森的創作品上拿掉一片樂高積木去玩，這樣的舉動讓伊森感到非常生氣。

伊森大聲地說，「那是我的，你不可以拿！」

雖然我嘗試著告訴伊森，大家一起玩的樂趣就是要一起分享，而且分享就是關愛的表現。可是伊森說：「那是我的玩具，我不要與人分享。」

我接著問他為什麼他只想要自己玩，他說：「因為我覺得自己玩很快樂。」

於是我再與伊森解釋真正的快樂，並不是只跟自己的快樂有關——真正的快樂，是當你身邊的人也與你一同快樂，因為那樣的快樂是加倍的快樂！我幫助他理解到他的堂弟們年紀都很小，所以還沒有辦法知道隨意拿走樂高積木所帶來的影響。我建議他在堂弟們都回家後，再跟我一起將樂高積木組裝回去，進行樂高積木創作品的修補專案。伊森接受了我的建議。那天，孩子們都玩得很開心。在堂弟們回家後，伊森和我繼續享受共同創造更多新作品的快樂時光。

工作上團隊的和諧與快樂可能也是一大挑戰，因爲員工們各有不同的個性與工作方式。當你開始透過 S.T.E.P.「『站』勝恐懼」模式中「**設定心態**」階段的步驟 ABC 來改善工作文化時，許多的不同是可以被調和的。像是**察覺、歸屬**與**稱讚**之類的方式，全都相輔相成，所以團隊之間能有所行動並積極的彼此回應、互相聯繫、在工作上同心協力、更有效率的運作、共創佳績。

　　互相關懷是**重視團隊**的表現，讓隊員知道他不是孤單一人，而是有團隊在背後支援他。例如，當你知道同事需要寫一份重要的報告或是正在進行難度高且重要的工作時，如果你能夠在當下或隔天關心詢問他，一切是否順利以及是否需要協助，那會讓他很感動。

　　如果你的團隊中有消極的人，正向的關心也會對彼此都有幫助。但如果你也以消極的方式回應他們，只會讓情況變得更糟。試想他們的行爲是否源自於什麼讓他們擔心的事？在擔心的背後，恐懼可能也悄悄潛伏，眞誠的關心團隊成員並且在你認爲是好的**時機**下，你可以使用 S.T.E.P.「『站』勝恐懼」團隊模式，慢慢地幫助他們**察覺**並解開他們的恐懼。

　　如果不論你怎麼幫助他們，他們還是很消極，那或許他們沒有擁有與團隊相同的價值觀。就算因此你需要更換員工也無須擔心，因爲有時候只是當一個爛好人而不去做出改變是徒勞無功的。

幫助員工了解你所追求的團隊文化，提供他們支援及資訊，往往能幫助他們決定，你的團隊是不是適合他們。如果他們選擇離開，你並未失敗，因為你懂得如何選擇下一個更適合的新成員來加入你的團隊。每一次的學習經驗，都是為了更美好的未來做需要的改變。

　　S.T.E.P.「『站』勝恐懼」模式可以挑戰人們的思維，為的是要提升到一個新的層面。當團隊晉升到更高層次的成長而且還能互相連結時，其所產生的正向積極效應會擴大加倍，甚至有加乘效果。像是將團隊的正向影響由內向外延伸到社區，是一連串美好的漣漪效應，也能讓這個世界變得更美好！

體驗團隊

　　這涉及所有你在每一天中，與他人互動所學到的絕妙經驗。這是一個長期永續的過程，經由團隊**體驗**不同種類的人與情況，能幫助你的互動能力。即使在當時你並不享受的時刻，也能因為所學到的經驗，確信地知道下一次會更好。

從經驗學習的實例分享

　　我有過一個很痛苦的經驗，但同時它也是讓我學習到最多的經驗之一，這個深刻的體驗幫助我建立了我們現在的優秀團隊。

　　在我們的診所規模還很小的時候，曾雇用過一位牙醫助理，當時只有我、外子、跟這一位非常認真工作的

可愛女士。她的工作非常忙碌：管理櫃台、接聽電話、提供客服，還得將診所打掃得一塵不染。

當時我的工作重心都擺在技術層面、與患者溝通及追蹤照護的事情。那是一段在事業上很艱難的時期，因爲能力受限，即使我們非常的忙碌，也無法有所成長，毫無活力。

在當時要在財務上達到平衡而繼續生存是很困難的，我因此而感到恐慌。因爲當時我的思想僵化，害怕向外求援，也不敢去請教、找尋幫助。伴隨著恐懼而來的是挫折、不安以及許多其他的情緒。任何不如意的小事都會讓我勃然大怒。

我和助理雖然很在乎彼此，也很重視我們的專業，但因恐懼而產生的不滿，讓我說了許多很負面的話語。因此我們開始有很多的爭執以及誤解，然後怨恨孳生。直到有一天她辭職了，辭職的理由是因爲她的丈夫要跨州創業。當時的我視野狹隘，以爲她給的辭職理由是眞的。

過了很久以後，她的丈夫才告訴我，實情是她當時無法再承受更多的工作壓力，但又不知道要如何跟我坦白說。她其實不想要傷我的心，但實際上是我已經先傷透了她的心。因爲當時的我不是個有「察覺力」的老闆，儘管我很關愛她，卻讓她如此傷心難過，甚至把她趕走了自己還不知情。

在她離職後，我花了好多時間試著尋找替補人員。但是心情糟透了的我，要在堆積如山的應徵函裡找到適

合的人選，而且還要從頭開始訓練員工，感覺真的好難。最後我決定要支付多一點薪水來雇用一位有工作經驗的人。沒想到這位替補人員只在我們診所待了幾個月後，就在沒有任何通知下就突然離職了。但因為這位替補人員的道德觀與價值觀與我的相差甚遠，我們並沒有建立起信任的基礎，而且跟她一起工作並不像跟原來的助理一起工作時那樣開心，我開始好懷念過去的感覺。

那幾個月的改變與不確定性，加上許多不愉快的經驗攪擾著自己，我已經被這一切搞得心力交瘁。隔天，我決定讓診所關門休息一天，好讓我可以跟幾個牙醫朋友一起吃頓午餐，跟她們大吐苦水，宣洩我的憤怒與挫折。

但是當我在餐廳時，發生了一件特別的事。我的前任助理突然間傳了一個簡訊給我，說她人剛回到雪梨要來探訪我，可是診所沒有營業。在簡訊中她還問我過得怎麼樣，以及我們曾經一起協助過的患者都過得好不好。我請她來餐廳與我相會時，一看到她，就忍不住崩潰大哭。她看到我哭也忍不住的哭了。最後我們抱頭痛哭，我問她：「你會不會搬回雪梨長住？我好想妳！」

她反問我說：「妳需要我的幫忙嗎？」當時她原本只是計畫回雪梨拜訪朋友，但在我們深談過後，她告訴我說她很期盼著回診所工作。

我哭著歡迎她回來並說：「真的很謝謝妳。」

我們的眼淚是喜悅的開端，我們再也不要因為彼此之間的任何恐懼與誤解而掉淚了。我好開心她還在乎這

一切，願意隔天就回來診所工作。她選擇相信我而願意給我第二次機會。

為了這個新的開始，我們有好多事要討論——我知道我們需要雇用更多的員工來成立這個的新團隊，而她也需要與新團隊成員們建立信任，從而更好的融入其中。

一開始我們也會擔心，不知道新雇用的團隊成員或者新聘請的牙醫師，是否合適。但是每當我們感覺被恐懼壓迫的時候，我們就會使用 S.T.E.P.「『站』勝恐懼」模式幫助我們朝向美好的願景邁進。

正確幫助他人的方式，是了解他人的需要進而提供讓人可以接受的幫助，而非以自我的角度來強迫推銷。

這個雖然慘痛但受益良多的學習經驗幫助我睜開雙眼，去評估做事的方法，以及觀察工作上的需要和員工們的狀態，好讓團隊來上班時覺得有信心並且工作愉快。

我也學習到照顧人是多麼重要的一件事，而不是只關心著銷售。錯誤的心態，不只對自己有害，而且對他人的生活會造成巨大衝擊。有正確的心態，能改變人生、帶來正面的影響。

現在的我不再害怕要經歷雇用程序來聘僱合適的人選，我也不再害怕要讓不願意跟我憧憬共同目標、分享共同夢想的人離開。我曾經過度在意他人對我的看法、擔心自己不能滿足員工的需要、自咎無法迎合每個人的

要求——我不敢說「不」，因爲我恐懼被貼上標籤，歸類成不好的老闆。

使用 S.T.E.P.「『站』勝恐懼」模式讓我知道，說「不」是沒有關係的。更重要的是，你也要曉得何時應該說「好」。當你明瞭什麼是對、該做的事情時，你就會有**勇氣**而不再恐懼。

生活是一條彎曲的道路，但你無需在每一個崎嶇處受傷。誰說你不能跳舞跳過顛簸？誰說你不能創作一首偉大的歌曲，讓你在**體驗**之路上沿路歌唱？

要有創意、要照顧他人、要願意學習、要激發動力、要振奮人心，而非沮喪氣餒；並且要**勇敢**站上更高一層，讓自己可以看到展開在你眼前的更多選擇。

賦權團隊

賦權你的團隊使他們有能力幫助你的客戶。你可以**賦權**給每個人，讓他們貢獻其最好的部分。對我們的團隊而言，我們建立了一個空間，讓客戶可以放心述說他們的牙齒問題，並且安心的讓我們協助他們。我們的解決方案不只有處理牙齒問題，也幫助患者解決生活中的難題。

當員工們覺得生命有所改變，當他們在工作上覺得受到鼓勵，當他們覺得充滿了活力、感到滿足，他們就會因爲身爲團隊中的一員而感到開心，並且願意全力以赴，進而提升工作效率、提高工作品質。

使用 S.T.E.P.「『站』勝恐懼」團隊模式來幫助患者克服恐懼、解決問題的附加價值是在問題解決後人生也變得更加美好！這樣深切的影響是刻骨銘心的。就像是我們為菲利普先生在他匆忙跑來看診的那一天，為他準備的那一杯熱薑茶，讓他從生活中壓力極大的步調中慢下來，安心的讓我們提供他所需要的牙科治療與照護的需要。正因如此，他很驚訝卻也開心的發現自己竟然會期待下一次的回診。

回顧 S.T.E.P.「『站』勝恐懼」團隊模式是由第一階段「**設定心態**」開始，要完成階段中的步驟 ABC，再進入第二階段「**善用工具**」，藉由階段中的使用三要素來完成任務，然後進入第三階段「**共享同榮**」。對我們而言，當患者選擇我們的服務而來到我們的診所時，**賦權團隊重視**患者的需求，提供他們高品質的照護，幫助他們**體驗**「『**站**』**勝恐懼**」的歡欣，得以達成永續經營成功企業的正向循環。

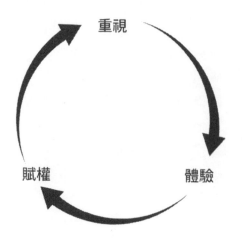

有效地處理衝突、懷疑與不同類型的反饋，可以建立**賦權**。這將我們帶向與朋友、家人、同事、客戶的關係改善，無關年紀、性別、文化與世代差異。

　　簡單來說，系統化就是將事物或觀念整理的有條有序。當一套好的系統建立後，在很多情況下生活會變得更好了。系統幫助人們避免選擇走捷徑的方式，在我自己的經驗中，「太容易走的捷徑」可能會使人變懶惰。但是在另一方面也不要將問題過度複雜化，使你變得不知所措與精疲力盡。過度複雜化的情況會影響你的判斷力，混淆視聽，增添的恐懼會讓你覺得好像要窒息了。

　　所以你應該辨識出真正的問題、認清它並尋求幫助、使用正確的工具來解決問題，而非將其複雜化、拖延它、忽略它或試著獨自與之對抗。使用簡單的公式來處理難題，讓你覺得自己充滿能力並能享受解決問題的過程。

　　要意識到自己真正的問題其實不容易，但就算知道了問題所在，如果不將其簡單化，你可能會不自覺地成為加添他人的壓力、導致問題嚴重惡化的那個人。

「『站』勝恐懼」團隊模式的第四階段

達到目的

知道為什麼你要創業是至關重要的。問問自己,你的深層**目的**是什麼?

賽門‧西奈克(Simon Sinek)在 2009 年的 TED Talk 中說得很好:「人們不是買你做了什麼,人們是買你做這個的**目的**。」人們比以往更想要參與在乎人們的企業。一個不僅僅是專注於獲利的企業。

在 2019 年,Microsoft 展開了一個專案,稱之為「團隊工作的藝術」[31],研究顯示成功團隊的第一要求就是要有一個清楚的團隊**目的**。據說**目的**創造「共享意義,讓團隊可以維持專注、密切合作並發揮其最大能力表現。」

有了網路上如此容易取得的資訊,當要決定要購買哪個產品時,人們要的資訊不再只是產品細節、提供的服務或是價格比較。他們想要知道公司的價值觀、使命與願景。他們想要知道產品是否環保以及他們使用的產品是否合乎道德。他們想要知道為什麼你要創業?

社會大眾現在需要較多的**誠實**與**負責**企業,所以應該有更多這樣的企業供他們選擇。領導者應該相信他們

---

[31] 註 7:Microsoft 2019「團隊工作的藝術:促進健康的團隊動能以驅動創新與商業成功」。
https://www.microsoft.com/zh-tw/microsoft-365/blog/2019/11/19/5-attributes-successful-teams/

的企業，而他們的員工應該每天都可以看到自己的熱情閃亮一整天。

你的團隊必須知道你的「企業使命」，摘要而言其**目的**與**目標**，以及要如何達成它們。

你的團隊也必須知道你的「企業願景」，概述一旦達成使命後，公司的長期希望為何。

你的企業使命與願景會一起幫助你，建立你的企業目的陳述。與個人的目的陳述類似，「企業目的」陳述可以用於短期，幫助團隊專注於努力朝向一致的最接近的目標前進。

例如，短期陳述可以把注意力集中於**成長**，像是「30 天內開發三十位新客戶」，或是你可能聚焦於加強你與客戶的**連結**，「打電話給你在最近 12 個月內沒有進一步聯繫的客戶」。運動團隊可能在他們的時事通訊上寫下，「彼此鼓勵，再試一下」。

隨著每天日常工作的進展，這些陳述幫助團隊維持專注於他們的**目標**。

一旦**目標**達成後，或是若發生無法預見的阻礙而需要重新評估目標時，創造一份新的「企業目的」陳述。這些阻礙可能已在團隊中產生一些挫折或恐懼，而這也顯示為什麼「『站』勝恐懼」與團隊總是有關連的，可做為團隊健康與快樂的檢查指標。

恐懼可能從四面八方侵襲個人與員工，可能來自與人們的互動以及過去的經驗。

使用 S.T.E.P.「『站』勝恐懼」**團隊**模式定期與你的團隊做確認，可促進參與感，達成生活中的充實感。

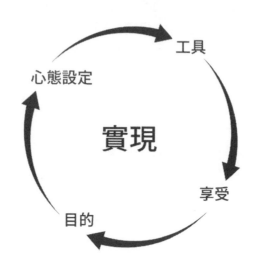

將「給予模式」置入你的企業

我們的「企業目的」是我們「生活目的」的延伸：從一個有愛的地方幫助其他人。Chats Dental 在 2017 年正式成為 B1G1 的合作夥伴，致力成為一個「更好的企業」。

這個合作計劃幫助各種企業，不論大小都能在世界各地造成有意義的影響。我們的**團隊**與患者可以感受到回饋世界的喜悅，因為我們在企業中一起建立的關係**互相連結**！

我們使用的「給予模式」很簡單，經由例行的商業運作，以實際的行動、有形的方式，傳遞給予在世界各地需要幫助的人，並響應聯合國的永續發展目標（Sustainable Development Goals, SDGs）。其中 SDGs 的第十項目標「減少國內及國家間的不平等」，是我們支援最多的目標項目。

以下範例說明 Chats Dental 經由例行的商業運作來給予的模式：

- 每次有新的患者預約時，我們就提供一日劑量的維生素 A 補充劑，給位在肯尼亞圖爾卡納的一名兒童。
- 每當客戶在接待處接受一杯茶或咖啡時，我們提供一天分的糧食來滋養馬拉威的一個孩子。
- 當我們每照護一位需要緊急護理的客戶時，我們就在婆羅洲種了一棵樹以支持重新造林。
- 當我們使用舒眠鎮靜進行無痛牙科治療時，我們會透過澳洲維多利亞州埃德加（Edgar）動物收容所，為其所救助的動物提供一餐。
- 當一位新來的兒童患者坐在牙科椅上，與我們一起快樂地數有幾顆牙齒時，我們為紐西蘭的弱勢兒童提供一天的教育支出。
- 當客戶在牙科椅上大笑並感謝我們為他帶來愉快的牙科體驗時，我們為在肯亞或尼泊爾的女孩，提供了一天的個人衛生護理用品。

- 當客戶回診進行每六個月的牙科檢查時，我們為在摩洛哥 El Jebha 城的一名兒童提供一日的口腔衛生服務。
- 當服務對象因功能性牙齒美容治療而展露燦爛開心的笑容時，我們會種植並保育四棵雨林樹，以提供澳洲昆士蘭州使命海灘瀕臨絕種的南方食火雞有復育的棲地。
- 當我們去拜訪幼兒園或學校，使用布偶劇來教導學齡前和就學兒童如何保健牙齒的時候，我們為南非布法羅市的一個孩子提供一套特殊的學習工具。
- 當我們給客戶一張感謝狀的時候，我們為在柬埔寨的一個女孩提供一天的閱讀材料。

我們相信給予並不只是能為別人帶來什麼，更重要的是我們能如何為企業帶來有意義的目的。這些微小的行動為許多國家的弱勢族群帶來了美好的變化。這些關懷舉動不僅改善了當地的健康保健與教育推動、提供了更多更好的就業與機會，更也提醒了我們——我們全都互相連結，讓彼此備感重視以及有被愛的感覺。

留下深遠的影響

我寫這本書的核心是愛；在愛裡沒有懼怕。愛是你可以放大與擴大的東西，並將其向外傳出去。每個人都

可以決定是否要將學到的智慧，傳給下一代。我將此視為我的職責，並且覺得能分享我所學到的，是一種祝福。

我的父親想要讓他的家人擺脫貧窮的艱辛，那是他和他的親友們從戰後的數十年來所經歷的狀況。他將教育視為改變家人未來的主要關鍵。我很喜歡聽他分享他年輕時候的故事，他說幸運的他遇到一些很好的老師及人生導師，當他提及他們給他學習與受教育的機會時，我彷彿看到父親的眼神發亮並充滿著喜悅和快樂。

就西方社會的標準來看，我們並沒有變成有錢的家庭。但是我們一直以來都覺得很幸福。我看到我的父母努力工作，提供我們庇護、健康、安全與教育。為人父母，都想讓自己的孩子幸福快樂地過一生，我的父母也會因為看到子女開心而感到快樂。但我很希望他們知道，他們其實也該為自己感到開心。

如今我也為人母了，我從我父母及我自己的經驗中學到了很多。曾經我也想著，如果我的孩子可以有這個或那個，我會很快樂。我以為自己是為了他們的幸福而努力工作，就跟我的父母一樣。

有時候當我傷心難過或對某些人事物不同意或不認同時，我會把自己關進我的小小黑暗角落，覺得自己一點辦法也沒有。我告訴自己，犧牲自己的快樂，都是為了我的孩子們。

有一天我聽到了一個聲音說：『那我呢？我跟外子的關係呢？還有我跟我父母、公婆、同事、公司、社

會、社區、甚至是與世界的關係呢？』，霎那間我發現我們全都**連結**在一起，我開始想要幫助其他人，包含我自己。

眼睛看不到的東西，我們的心智就無法辨識。我有一個自我侷限的想法，造成了我的短視，還有狹隘的心態，內心的恐懼讓我擔心自己沒有能力去給予孩子們幸福。S.T.E.P.「『站』勝恐懼」模式幫助我將我的心態從不足改變到富足，並站在恐懼之上、打包恐懼踩在腳下、將恐懼作為墊腳石讓我站得更高，使我有了新的視野——將我的生活賦予嶄新的意義，以及啓發我想要留下的深遠影響。一旦富足的心態形成，在你以無限可能性發掘眞實的自我的同時，所體驗到的喜悅，會驅動你跟其他人宣傳那些你所學到的道理。

這就像帝王蝶那不可思議的遷移，要花上數代的時間才能完成這一趟往返的旅程。它們信靠的是潛在的本能、對飛行路徑的執著、以及它們相信彼此的連結和世代傳承的重要目的。

在這世代，我們的周圍布滿恐懼，很多人覺得他們在風裡被吹來吹去。但是就像帝王蝶的內在力量一樣，我想要讓人們知道，他們的生活可以有深層的意義且不輕易動搖，即使是恐懼當前也不用懼怕。

我的 S.T.E.P.「『站』勝恐懼」模式可以幫助你了解，「我不需要逃離恐懼。我不需要躲藏，我可以一步一步面對它。」

我想要傳遞這樣的智慧，並不是以一個領導者的角度，而是一個過來人、同伴的身分來分享與鼓勵。如果你感覺還在黑暗的洞穴中受折磨，那我想要告訴你要如何往亮光處爬。而且你不孤單，因為我們可以一起往上走。 能並肩共行的階梯不會狹窄而是寬敞、結實的，讓我們一起「『站』勝恐懼」！

　　一旦你看見了身邊**機會**、**資源**與**工具**，你可以有一個比你目前更廣大的生活。這不是貪婪或自私，那是你自己的美麗成長以及可以與他人分享或傳承他人的智慧。

　　在我們的診所中，我們的**目標**是培育與幫助**團隊**中的每個人。我們希望團隊夥伴每天都很期待來上班，也能在工作中得到一些可以增加生活**價值**的東西。我們有許多的事物可以和團隊夥伴與患者**分享**。

　　例如，我們的團隊曾經雇用一位新的櫃台人員，在面試的時候她表明了她尋找的是一個在她達成律師夢之前的短期工作機會。我們很欣賞她的**誠實**並對她在面試過程中所表現出渴慕學習的態度和熱心助人的意願，表示肯定。於是我們決定雇用她並提供她個人與專業發展技巧的**訓練**。當一間大規模的法律公司提供她工作機會時，我們為她舉辦了一場窩心的送別會，其中混合了我們對她要離開的不捨以及進入職場新頁的祝福。她的故事有一個美好後續——後來她回歸到我們的診所團隊！

　　下列是她當時寫給我們的一封由衷誠摯的電子郵件的摘錄：

我跟你們大家一起工作的時間，像疾風般的短暫，而我鍾愛妳們對信實的堅持以及所支持的每件事。在一個小診所裡工作與跟在一間有 600 位員工的大型法律公司工作，的確非常不同。我現在最想要看到的是 Chats Dental 的成長，而且我也想要重回再當其中的一員。我想要繼續致力跟你們大家一起工作，不畏任何艱難的情況，因為你們就像是我的家人而我們彼此互相支持。

　　……

　　誰知道未來會怎樣，但至少現在，與你們在一起讓我找到我的歸屬感。

　　……

　　我想要讓你們都知道我內心深處的聲音，我真的很想再度成為 Chats Dental 團隊的一分子。

　　你可以採取行動讓自己成為你想要成為的人，並做你想要做的事，而沒有恐懼。採取行動，並將夢想變成真實。你不需要回頭看，因為你的喜悅將會蔓延成對許多其他人的生命和未來有美麗深遠的影響，那些受你影響的人也會進而幫助更多的人，協助他們找到喜悅中的力量並樂於克服恐懼。這是一個美好永續的過程。

　　現在是你改變你的生活的時候了，讓我們打包恐懼成為你的墊腳石，「『站』勝恐懼」！

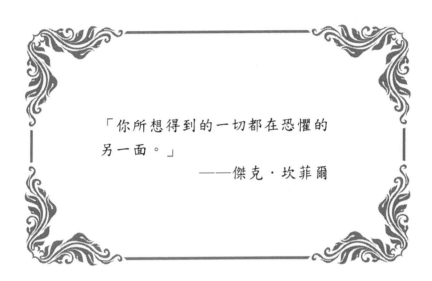

「你所想得到的一切都在恐懼的
另一面。」

——傑克‧坎菲爾

致謝

　　我真心的感謝我最親愛的父母楊雄武與陳雪卿——謝謝您們以無條件的愛來養育我和弟弟艾瑞克・楊育融，並且給了我們生命中最棒的禮物——認識上帝。因為神的信實廣大與祂奇異的恩典，造就了今天的我。

　　獻給我最愛的丈夫羅伯特・王振昌——非常感謝你那永不休止的後援與支持。有你的肩膀可以讓我依靠、有你那顆安慰人的心以及有你與我分享智慧，我覺得非常幸福。

　　獻給我們漂亮的孩子們莎拉・王馨愛與伊森・王興仁——謝謝你們純真的愛，幫助媽媽能有正向的思考，與你們一同享受成長的喜悅。

獻給我的導師們：

　　保羅・鄧恩與佐藤昌美（B1G1.com）——謝謝你們跟我說明由『小事力量大』的概念，帶來改變全世界的有意義影響！

　　山姆與凱特・考索恩（speakersinstitute.com）——謝謝你們在一路上引導我，跟隨我的熱情並找到我自己的聲音。

　　特蕾西・威廉姆斯、譚雅・希爾、卡爾・波特以及隱適美 Go（Invisalign Go）愛齊科技公司（Align

Technology）的團隊——謝謝你們帶著我，跟你們一起在世界各地創造數百萬的微笑。

　　所有我的學校老師、同班同學、台灣與澳洲的校友——謝謝你們幫助我成為一個有韌性、有力量與有同情心的人。

　　獻給我在牙科產業的同事們以及我最珍貴的患者們——謝謝你們教導我不論處在順境或逆境中，都要彼此互助、團結同心、共享成果。

　　獻給孫婷、安娜貝爾以及我在 Chats Dental 最棒的團隊夥伴——謝謝你們相信我，並一起分享我們的願景，使人們的生活變得更美好。

關於作者

楊毓瑩（凱瑟琳）是一位作家、演說家、牙醫以及企業所有人。

從 24 歲起就擔任牙醫的工作，凱瑟琳牙醫師致力要幫助大家有效地管理恐懼。搭配強而有力的個案研究連結以及明確的重點精華，凱瑟琳寫的書以及簡報會給你力量，使用 S.T.E.P.「『站』勝恐懼」模式將你的生活轉向成功、充滿喜樂。

凱瑟琳是澳洲牙醫協會的會員、國際牙科繼續教育學院院士、澳洲雪梨北岸牙科學術研討會的前任秘書及「隱適美 Go」的國際講師。

凱瑟琳也與 B1G1 的會員合著編寫出版書籍《LEGACY 傳奇：展現永續發展目標的行動》。她的著作《STEP ON FEAR》也曾獲得澳洲亞馬遜排行榜第一名。

請造訪下列網頁，取得更多與凱瑟琳相關的訊息：
steponfear.com
drcatherineyang.com
chatsdental.com.au

見證推薦

　　「我聽到凱瑟琳談到如何使用 S.T.E.P.「『站』勝恐懼」模式時，我很有共鳴。因爲就算我所有的恐懼像一座高山，我可以看見它，接受並承擔它！凱瑟琳教會我如何克服心態障礙，然後跨越它，一步接著一步，一層接續一層，就能爬到山的最頂端。從高處往下看著恐懼，它將會變得非常微小，得以克服。」

Khoa Nam Tran
演說家以及「Legless to Legless」的作者

※　　　※　　　※

　　「我是 Brad Twynham，爲經營管理與菁英創業家的績效教練。我剛聽完凱瑟琳牙醫師的演說，她是我長期以來看過最吸引人與見聞廣博的演講家之一。我從她的談話中學到了很多。她的演講實在很令人震驚。如果你有機會可以與她見面——不要錯過，凱瑟琳絕對讓你驚豔不已！」

Bradley Twynham
績效教練與 Scale Australia Investing 的投資委員會主席

「我今天剛剛聽完凱瑟琳的演說。非常精彩！如果你有機會可以聽到她的演講，她會讓你感動的說不出話來。她的笑容令人印象深刻而且她非常會鼓舞與激勵人心。凱瑟琳牙醫師——我祝福你一切順利並且我期待能再次於世界的舞台看到你。願上帝祝福妳。謝謝妳。」

Rita Barbagallo
「魔法與奇蹟」的作者、紅孔雀的總監、Barbee Barb 兒童娛樂與魔術學校的創辦人、2019 年「女子全球賦權會議——雪梨她的故事」的主席

※　　　※　　　※

　　「我深感榮幸聽了凱瑟琳牙醫師一場有關於如何站在恐懼之上的演說。身為一名牙醫，她幫助了許多人克服害怕看牙醫的恐懼。她將自己數十年專業的經驗，研發出一套創新的 S.T.E.P.「『站』勝恐懼」模式，來幫助人們戰勝生活中遇到的困難與挑戰。凱瑟琳絕對是我遇過最棒的講者之一。」

Dianne McCabe
「幸福之路」的總監與改變教練

「我剛剛聽完凱瑟琳在講台上演說如何改變你的人生，以及想要有實際改變所需的步驟。我對她演說內容的真確性大為驚訝。她所傳達的訊息真實又精彩。我也做了筆記，並且要在 24 小時內採取行動以實踐我所想要有的改變。如果你也想要改變生活上的任何事情，無論是專業環境或是社交關係，只要遵照凱瑟琳幫你整理好的步驟去做，就真的能幫助你改變人生。」

Warren Tate
專業主持人與演講教練

※　　　　※　　　　※

　　「大家好，我是露絲，我是蓋洛普認證的全球優勢教練，擁有一間採購代理的顧問公司。我很高興在山姆‧考索恩的採訪中，聽到了凱瑟琳的談話內容。她與大家分享一套創新的 S.T.E.P.「『站』勝恐懼」模式。她說若能將恐懼拆解成簡單且容易了解的階段和步驟，我們就能站在恐懼之上——「『站』勝恐懼」！她的方法淺顯易懂，也很容易應用。我非常推薦！」

露絲‧蘇
Blu Dot Consultancy 的採購專員
Clarity Is Power 的作者，蓋洛普認證全球優勢教練

「大家好，我是 YP Lai，我是 7 Secrets Life Balance System 的創辦人。我對凱瑟琳的演說印象非常深刻，因為她清楚的傳達了一個重要的訊息。她不僅是一名牙醫，更是一位充滿熱情、想幫助大家克服恐懼的人。她以簡單清楚的方式，讓每一個人都容易了解與執行 S.T.E.P.「『站』勝恐懼」模式。因此，我向各位先生女士們，強力推薦凱瑟琳——她是最棒的！」

YP Lai
7 Secrets Life Balance System 的創辦人
BNI 在泰國、越南、韓國與菲律賓的國際人脈網絡商會的國家總監和國際青年商會的參議員

國家圖書館出版品預行編目資料

站勝恐懼 STEP ON FEAR：打包恐懼成為你的墊
腳石／楊毓瑩（凱瑟琳）著. --初版.--臺中市：
白象文化事業有限公司，2022.8
　　面；　公分
　ISBN 978-626-7151-52-5（平裝）
　1.CST: 恐懼 2.CST: 自我實現
　176.52　　　　　　　　　　　111009298

站勝恐懼 STEP ON FEAR：
打包恐懼成為你的墊腳石

作　　者　楊毓瑩（凱瑟琳）
校　　對　楊毓瑩（凱瑟琳）、張瑞紋
發 行 人　張輝潭
出版發行　白象文化事業有限公司
　　　　　412台中市大里區科技路1號8樓之2（台中軟體園區）
　　　　　出版專線：（04）2496-5995　　傳真：（04）2496-9901
　　　　　401台中市東區和平街228巷44號（經銷部）
　　　　　購書專線：（04）2220-8589　　傳真：（04）2220-8505
專案主編　黃麗穎
出版編印　林榮威、陳逸儒、黃麗穎、水邊、陳婉婷、李婕
設計創意　張禮南、何佳諠
經紀企劃　張輝潭、徐錦淳、廖書湘
經銷推廣　李莉吟、莊博亞、劉育姍、林政泓
行銷宣傳　黃姿虹、沈若瑜
營運管理　林金郎、曾千熏
印　　刷　百通科技股份有限公司
初版一刷　2022 年 8 月
定　　價　250 元

白象文化　印書小舖　出版・經銷・宣傳・設計
www.ElephantWhite.com.tw　自費出版的領導者　購書 白象文化生活館